Bom dia,

einen guten Tag wünsche ich Ihnen, liebe Leserinnen und Leser, die Sie vielleicht in naher Zukunft eine Reise nach Porto und/oder in den Norden Portugals planen. Eine gute Entscheidung! Porto ist innerhalb von nicht einmal zwei Jahrzehnten in den Kreis der weltweiten Top-Reiseziele aufgestiegen. Und 2024 wurde die Stadt am Douro von Verantwortlichen internationaler Tourismusgremien mit dem World Travel Award als beste Destination weltweit für das kulturelle Erbe ausgezeichnet.

EINE STADT ERFINDET SICH NEU

Um bei Auszeichnungen zu bleiben: bereits 1996 erhielt die Altstadt von Porto den Welterbestatus. Was einerseits natürlich eine enorme Ehre bedeutet, andererseits aber auch eine erhebliche Last ist. Schließlich galt und gilt es, den Status quo im Hinblick Sanierung und Gentrifizierung mindestens zu erhalten. Ob dies bisher gelungen ist, erfahren Sie in der Rubrik »Zur Sache« auf S. 34 ff.

DER GRÜNE NORDEN

So schön Porto ist, auch das Umland, Portugals grüner Norden, hat viel zu bieten. Eine Fahrt durchs Dourotal wird unvergessen bleiben, am besten per Bahn (S. 64). Idealerweise bleibt bei Ihrer Dourotour noch Zeit für den Besuch des ein oder anderen Weinguts, die besten hat unser Autorenteam Daniela Schetar-Köthe und Friedrich Köthe für Sie zusammengestellt (S. 68/69). Wirklich einsam wird es, wenn Sie sich auf die Suche nach den »historischen Dörfern« begeben. Hier erwartet Sie Mittelalter live, die Zeit scheint stillzustehen (S. 88/89). Aber keine Sorge, für Touristen ist selbst in den zwölf »Aldeias Históricas« gut gesorgt.
Herzlich

Ihre

Birgit Borowski

Birgit Borowski
Redaktion DUMONT Bildatlas

»EUROPA WEIß WOHL, WO PORTUGAL LIEGT, DOCH ICH WAGE WEITERHIN ZU BEZWEIFELN, DASS DIESES EUROPA WEIß, WAS PORTUGAL IST.«

José Saramago

Den Aufenthalt in Portugals Nordosten – hier im Vale do Côa – genoss die Fotografin Monica Gumm (links im Bild) ganz besonders: »Für mich ist diese Region eines der wildesten und spannendsten Gebiete in Nordportugal«, erzählte sie mir.

26

Vom Leben am Fluss: Blick auf die den Dourro überspannende Ponte Dom Luís I.

106

Brauchtum und Ritual spielen in den nördlichen Dörfern noch eine wichtige Rolle.

94

Natur pur: Der Parque Nacional da Peneda-Gerês ist Portugals einziger Nationalpark.

88

Mittelalter live: in den Aldeias Históricas de Portugal.

Das Beste erleben

Berührend, aufregend und spannend ...
sind unsere Ideen, die wir für Ihren Aufenthalt in Porto und im Norden Portugals zusammengetragen haben.

Reiner Genuss

*** 1 ***

VILA NOVA DE GAIA

Im Reich des Portweins sind Verkosten, Kaufen und Genießen Pflicht!
Seite 40

*** 2 ***

PEDRAS SALGADAS

Entspannung in den Thermalwassern des historischen Kurbads, gefolgt von einer Traumnacht im Design-Baumhaus.
Seite 114

Atmosphäre pur

*** 3 ***

PORTO, RIBEIRA

Mittelalter-Stimmung am Kai, gotische Kirchenarchitektur und lebhaftes Flair begeistern im ältesten Viertel der Dourostadt.
Seite 39

*** 4 ***

PARQUE ARQUEOLÓGICO DO VALE DO CÔA

Felsbild-Archäologie einmal anders – wandernd, mit dem Kajak oder im magischen Dunkel der Nacht.
Seite 73

*** 5 ***

ALDEIAS HISTÓRICAS

Jedes der zwölf Dörfer zeigt ein eigenes Gesicht – sie zu erforschen gleicht einer Entdeckungsreise in fremde Welten.
Seite 93

*** 6 ***

BRAGA, ALTSTADT

Bewundern, Staunen, Bummeln, Shoppen und Genießen – Bragas Altstadt ist dafür wie geschaffen.
Seite 112

Grüne Wunder

*** 7 ***

VALE DO DOURO

Dramatische Natur und die Sisyphusarbeit der Weinbauern verbinden sich im Dourotal zu einer außergewöhnlichen Landschaft.
Seite 71

*** 8 ***

PASSÁDICOS DO PAIVA

Nicht über Stock und Stein, sondern auf bequemen Stegen immer am Fluss entlang und danach ein erfrischendes Bad.
Seite 91

*** 9 ***

SERRA DA ESTRELA

Wandern ist die schönste Art, sich dem Sternengebirge und seinen mit Granitbrocken übersäten Hochebenen zu nähern.
Seite 93

Große Kunst

*** 10 ***

AVEIRO

Wuchernde Blüten des Jugendstils und die stille Landschaft des Haffs gehen eine ungewöhnlich harmonische Verbindung ein.
Seite 91

*** 11 ***

COIMBRA, BIBLIOTECA JOANINA

Kostbare Folianten, barockes Interieur und feierliche Atmosphäre – eine wertvolle Bibliothek wie ein Tempel.
Seite 92

*** 12 ***

BRAGA, BOM JESUS DO MONTE

Die verspielt-barocke Treppenanlage zur berühmten Wallfahrtskirche scheint direkt in den Himmel zu führen.
Seite 112

11

SANDEMAN
QUINTA

STADT, LAND, FLUSS

Hoch schwebt der Teleférico de Gaia, eine die Uferpromenade in Vila Nova de Gaia mit dem oberhalb gelegenen Park Jardim do Morro verbindende Luftseilbahn, über die Lagerhallen der Portwein-Kellereien hinweg. Unterwegs hat man einen herrlichen Blick auf die Ribeira, Portos Altstadtviertel.

GEIST UND GENUSS

Eine der schönsten Buchhandlungen der Welt ist die 1909 im heutigen Gebäude in Portos Rua das Carmelitas Nr. 144 eröffnete Livraria Lello. Die auffällig geschwungene Holztreppe führt in die offen gestalteten oberen Etagen.

ALTSTADTBUMMEL

Straßencafé am Largo da Pena Ventosa, einer urbanen Oase im Gassengewirr von Porto, dessen historisches Zentrum zum Weltkulturerbe der UNESCO gehört.

CERCA
VELHA
FOOD & DRINKS

SOMMER, SONNE, STRANDVERGNÜGEN

Von Porto aus bieten sich viele Ausflugsmöglichkeiten in die nähere oder fernere Umgebung wie hier am Strand von Miramar (links im Bild die Capela do Senhor da Pedra) an. Zum Sprung ins meist recht kühle Nass laden allerdings vor allem die Sommermonate Juli und August ein.

NATIONALPARK UND BIOSPHÄRENRESERVAT

»Espigueiros« nennt man die charakteristischen Getreidespeicher aus Stein – hier bei der Gemeinde Soajo am Rand des Parque Nacional da Peneda-Gerês, der sich zwischen den beiden namensgebenden Gebirgsketten ausbreitet und von der UNESCO als Biosphärenreservat geführt wird.

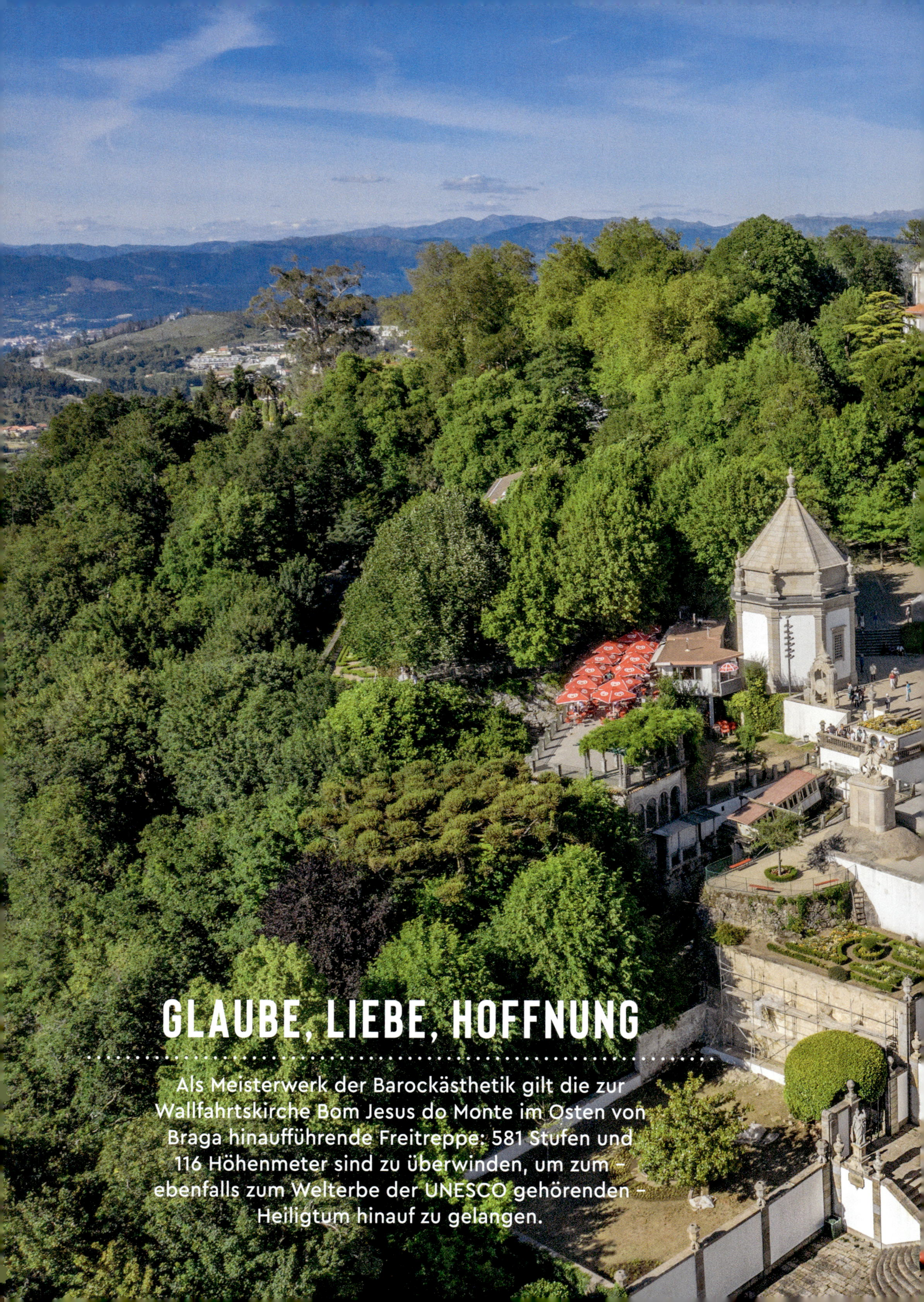

GLAUBE, LIEBE, HOFFNUNG

Als Meisterwerk der Barockästhetik gilt die zur Wallfahrtskirche Bom Jesus do Monte im Osten von Braga hinaufführende Freitreppe: 581 Stufen und 116 Höhenmeter sind zu überwinden, um zum – ebenfalls zum Welterbe der UNESCO gehörenden – Heiligtum hinauf zu gelangen.

ALMA MATER

Studentinnen in historischer Tracht auf dem Páteo das Escolas in Coimbra: Hier am höchsten Punkt der Stadt steht an der Stelle des früheren Königspalastes die Alte Universität, Universidade Velha.

ALLTAG UND MELANCHOLIE

Wenn die Schatten länger werden und vom Atlantik her eine frische Brise weht, spüren viele eine Sehnsucht in sich, die die Portugiesen »Saudade« nennen. Gern versammeln sie sich dann hier am Miradouro do Jardim do Morro in Porto. Denn noch schöner, als sich der Sehnsucht hinzugeben, ist die Sehnsucht zu zweit.

Die tollsten Badeplätze

SONNE, SAND UND STRAND

Hunderte von Kilometern Sandstrände, mehrere hundert Flussbäder – da gibt's nur eins: Badesachen stets parat haben. Sonst entgehen Ihnen meterhohe Atlantikbrecher, stille Lagunen, erfrischende Felsgumpen, Sand zwischen den Zehen und die Wichtige Erkenntnis: Der Wind weht wie er will. Immer.

1

PRAIA DA LUZ, FOZ DO DOURO

Der »Strand des Lichts« folgt als einer der ersten nördlich der Mündung des Douro in den Atlantik. Die Uferfelsen türmen sich zu natürlichen Schutzmauern auf, zwischen denen sich weißer Sand angesammelt hat. So gut vor Wind geschützt, vertrödeln die Portuenser hier gerne ganze Wochenenden. Bars und Restaurants liefern Getränke und Snacks. Wenn die Sonne untergeht, gibt der Balkon der Esplanade aus guten alten Seebadtagen eine instagramtaugliche Kulisse für Verliebte.

Praia da Luz, Rua Cel. Raúl Peres, Foz do Douro, Porto

PISCINA DAS MARÉS, LEÇA DA PALMEIRA/ MATOSINHOS

Das ebenso eigenwillige wie schöne Meerwasser-Schwimmbad in Leça da Palmeira unweit von Porto entwarf Meisterarchitekt und Pritzker-Preisträger Álvaro Siza Vieira zu Beginn der 1960er-Jahre. Nach Jahren der Sanierung steht es jetzt wieder Besuchern offen. In Terrassen angelegt schmiegen sich die Becken zwischen die Uferfelsen, ein Infinity-Pool weckt die Illusion, ins offene Meer zu schwimmen. Vieira mengte dem Beton Felsgeröll bei, sodass Natur und Architektur ineinander überzugehen scheinen.

Piscinas das Marés, Avenida da Liberdade, Leça da Palmeira, Tel. 229 36 40 90, www.matosinhosport.pt/piscinas/piscinas/piscina-das-mares, Sommer tgl. 9.00 bis 19.00 Uhr, Eintritt 8 €

3

PRAIA FLUVIAL DA LOMBA

Einen genialeren Platz für ein Flussbad gibt es kaum. Es sitzt ganz vorne an der Spitze einer Landzunge, die der Douro mit enger Schleife umarmt, und besteht aus feinem, aufgeschüttetem Sand. Direkt gegenüber klettern weiße Häuschen der Gemeinde Santiago den Hügel hinauf, ein hübscher Ausblick. Eine Snackbar und – für Portugiesen unerlässlich – ein Picknickplatz mit Grill sorgen fürs leibliche Wohl.

Praia Fluvial da Lomba, 35 km südöstlich von Porto bei Lomba, Parkplätze vorhanden

PRAIA DO SENHOR DA PEDRA, VILA NOVA DE GAIA

Gäbe es die dekorative sechseckige Kapelle auf einem Felsvorsprung nicht, der Strand unweit von Vila Nova de Gaia wäre nur halb so beliebt. Senhor da Pedra aus dem 17. Jh. ist ein bedeutender Wallfahrtsort, und vielleicht färbt etwas von seinen Wohltaten ja auch auf die Sonnenanbeter ab? Denn ins Wasser trauen sich hier nicht viele: Selbst in den wärmsten Monaten ist es höchstens 18 °C kühl, der Atlantik tobt häufig ziemlich heftig, und auch die Winde sind nicht ohne. Aber dekorativ und fotogen ist der Strand!

Praia do Senhor da Pedra, Gulpilhares, Vila Nova de Gaia

PRAIA FLUVIAL DA CONGIDA

Baden im Douro mit Blick auf Weinberge und hinüber nach Spanien ist die Attraktion dieses Flussstrandes östlich von Vila Nova de Foz Côa: Nach einer Rundfahrt von Weingut zu Weingut oder einer Wanderung zu den Felsbildern im Côa-Tal lockt der Fluss mit erfrischenden Temperaturen und einer durch einen Stausee stark verlangsamten Strömung. Wer aber lieber auf Nummer sicher geht, der badet am besten im schicken schwimmenden Pool.

Praia Fluvial da Congida, Freixo de Espada à Cinta, 50 km östlich von Vila Nova de Foz Côa

PRAIA DA BARRA, AVEIRO

Sand soweit das Auge reicht: Die Strände entlang der Barra von Aveiro, also der Landzunge, die Aveiros Lagune vom offenen Atlantik trennt, scheinen endlos. Der nördlichste, Praia da Barra, ist bei Einheimischen wie Feriengästen besonders beliebt. Im Schatten des mit 62 m höchsten Leuchtturms von Portugal steht Sport an erster Stelle, allem voran Wellenreiten, Kitesurfen und Bodyboarding. Oberhalb der Stranddünen versorgt eine Kette von Bars und Restaurants die Badenden; hier kann man sich auch einen Windschutz, Sonnenschirm und Liegen leihen.

Praia da Barra, Gafanha da Nazaré, Ílhavo, 25 km westlich von Aveiro

4

6

BRIDGES

Porto: Die Weinstadt

*

DIE SCHÖNE AM DOURO

*

Das Motiv ist mehr als postkartentauglich: Fluss, Kaimauer und dahinter bunte Fassaden, die sich wie Bauklötzchen am Hügel auftürmen, um erst ganz oben am weißen Palast zu enden. Porto – so heißt es – sei eine sehr sachliche Stadt. Aber kann Sachlichkeit ein solches Panorama hervorbringen?

Von der Flusspromenade in Portos Ribeira-Viertel fällt der Blick auf die den Douro überspannende Ponte Dom Luís I, eine Porto mit Vila Nova de Gaia verbindende, 1886 eröffnete Fachwerk-Bogenbrücke.

Oben: In »Pipes« genannten, bis heute verwendeten Fässern aus Eichen- oder Kastanienholz transportierten speziell dafür gefertigte Boote – Barcos Rabelos – den Wein aus dem Tal zu den Lodges in Vila Nova de Gaia.

Rechts: Wer einen Blick in die Gassen hinter dem Cais da Ribeira wirft, erlebt das alte Viertel (noch) von seiner ärmlicheren Seite.

Rechte Seite: Blick auf das Ribeira-Viertel von Gaia aus.

Ein später Sommernachmittag an Portos Cais da Ribeira. Ein Wald aus Selfie-Sticks wogt hin und her, um die Touristen vor dem Hintergrund ins rechte Bild zu rücken: Mal ist es die dekorative Häuserzeile entlang des Kais, mal der Douro mit den Weinlodges von Vila Nova de Gaia – festgehalten für die Ewigkeit von Instagram. Die Tische in den Cafés sind besetzt, lange Schlangen warten am Zustieg zu den Booten für die beliebte Sechs-Brücken-Fahrt. Einer Ameisenstraße gleich ziehen Fußgänger in schwindelnder Höhe über die Eisenstreben der Brücke Dom Luís I. hinüber nach Gaia.

Steigt man über Treppen und Gassen oder fährt ganz bequem mit der Standseilbahn Funicular dos Guindais eine »Etage« höher in Richtung der Kathedrale (port. »Se«), flacht der Rummel zusehends ab. Portos wichtigste Kirche ist keine gefällige Schönheit. Mit ihren wuchtigen Granittürmen scheint sie kratzbürstig und derb. Erbauen ließ sie Portugals erster König Afonso Henriques (Alfons I.) nachdem er die Mauren endgültig aus Porto gejagt hatte; damit ist sie ebenso alt wie Portugal selbst.

»DAS MALERISCHE BILD DER RIBEIRA IST LÄNGST ZU EINEM SYMBOL FÜR DIE GANZE STADT GEWORDEN.«

FEIERLICH UND SCHÖN

Luthers »Eine feste Burg ist unser Gott« ist an der Sé wahr geworden, sie bot den Menschen Schutz. Als die gefährlichen Zeiten Vergangenheit waren und der Geschmack sich wandelte, besserte der aus Italien zugewanderte Nicolau Nasoni im 18. Jahrhundert mit der barocken Loggia der Nordseite nach.

Auch das Portal erhielt einen barocken Rahmen, über dem die romanische Rosette wie ein filigranes Auge schwebt. Der Stilmix außen wirkt etwas uneinheitlich, doch im Inneren scheinen Säulen und Bögen im Rhythmus einer ungehörten Musik zu schwingen, feierlich und schön.

Straßencafé in der Rua das Flores, die sich zum Largo de São Domingos hin öffnet.

Mit bemalten Kacheln – Azulejos – verziert ist der Kreuzgang der Kathedrale (Sé).

DER SEHNSÜCHTIGE BLICK

Nasoni war es auch, der eine wunderbar verspielte Treppe auf die West- und Nordterrasse der Kathedrale führte. Sie erlaubt einen jener fantastischen Ausblicke auf Porto, die Portugiesen zu Recht »miradouro« nennen. Übersetzt bedeutet das, seinen sehnsuchtsvollen Blick auf einen Ort zu richten: Hier schweift er über die verschachtelten Dächer der Ribeira hinunter zum trägen Fluss mit seinen bunten Booten und hinüber nach Gaia. Ein Stück weit gen Osten, am Passeio das Fontainhas, bleibt die Sehnsucht an einem dramatischeren Panorama hängen: Da zwängt sich der Douro zwischen die Felsen, an die sich auf Portos Seite die Häuschen klammern. Das malerische Viertel Bonfim mit Kopfsteinpflastergassen, Wäscheleinen und abblätternden Fassaden ist ein Objekt der Begierde für Immobilienhaie aus aller Welt. Gegenüber krönt das Kloster Serra do Pilar die Anhöhe.

Gleich drei Brücken überwinden im Abstand von etwa einem Kilometer die Schlucht zwischen Porto und Vila Nova de Gaia: der Betonbogen der Ponte do Infante, die Ponte de Dona Maria Pia und die Ponte Dom Luís I. Die Ähnlichkeit der zuletzt genannten Brücken ist augenscheinlich – sie wurden ja auch im Abstand weniger Jahre vom selben Ingenieur entworfen: Théophile Seyrig (1843–1923) war Partner von Gustave Eiffel im Ingenieurbüro Eiffel et Cie., das er 1869 mitbegründet hatte. Er entwarf die Fachwerk-Bogenkonstruktion der Maria-Pia-Brücke, die Eiffel dann in Porto baute. Irgendein Streit entzweite kurz darauf die beiden Männer, sodass Seyrig 1879 die Firma verließ und bei einem belgischen Unternehmen anheuerte. 1886 gewann Seyrig die Ausschreibung für den zweiten Brückenbau in Porto, die Ponte Dom Luís I, während der favorisierte Eiffel leer ausging. Seyrigs Konstruktion war belastbar und dekorativ, wozu der sich im Scheitel verjüngende und später vielfach kopierte Brückenbogen maßgeblich beitrug. Zudem hatte Seyrig eine geschickte Lösung für das Problem der beidseitig steil aufragenden Ufer vorgeschlagen: Mit zwei Fahrbahnen – eine etwa zehn Meter über dem Flussniveau, die andere auf Scheitelhöhe in 45 Meter Höhe – ersparte er Passanten aus den höher gelegenen Stadtteilen den anstrengenden Ab- und Aufstieg.

EIN HAMBURGER IN PORTO

Als der Hamburger Christian Köpke 1638 eine Exportfirma für portugiesische Produkte gründete, war er gerade einmal zwei Jahre im Land. Die Hanse hatte seinen Vater Nikolaus 1636 als Generalkonsul nach Lissabon geschickt, und der Sohn witterte gute Geschäfte vor allem mit Wein. Seine Wahl fiel auf die Stadt Porto, an deren Kais die Schiffe den mit Weinbrand »gespriteten« Wein aus Lamego aufnahmen. Von Christiano Kopke – der Name war schnell portugiesisch eingefärbt – ist überliefert, dass er bereits um 1680 zu einem der führenden Exporteure des »Portweins« aufstieg. Ein Jahrhundert später erwies sich seine Familie als treibende Kraft hinter den Bestrebungen des Ersten Ministers Marquês de Pombal, im Dourotal ein geschütztes Anbaugebiet mit kontrollierter Qualität einzurichten, das Alto Douro. Es gilt als eines der ältesten weltweit.

In der Rua Nova da Alfândega fahren die Bahnen der Tram-Linie 1 nahe an den Häusern vorbei.

In der Rua das Floras ver- und bezaubern Straßenkünstler die Passanten wie hier mit riesigen Seifenblasen.

Wer kann, der kann: Acroyoga auf dem Platz vor der Igreja de São Lourenço.

Oben: Am wichtigen atlantischen Handelsweg von England und Flandern ins Mittelmeer gelegen, gehörte Portos Hafen bis ins 15. Jahrhundert zu den bedeutendsten Häfen Europas.

Rechts: Bei der Festa de São João do Porto werden traditionell Sardinen gegrillt.

Blick von der Terrasse der Kathedrale (Sé) an der Igreja de São Lourenço (links im Bild) vorbei auf die sich zu beiden ...

... Flussufern ausbreitende Stadt. Über dem Douro schwebt der Teleférico de Gaia.

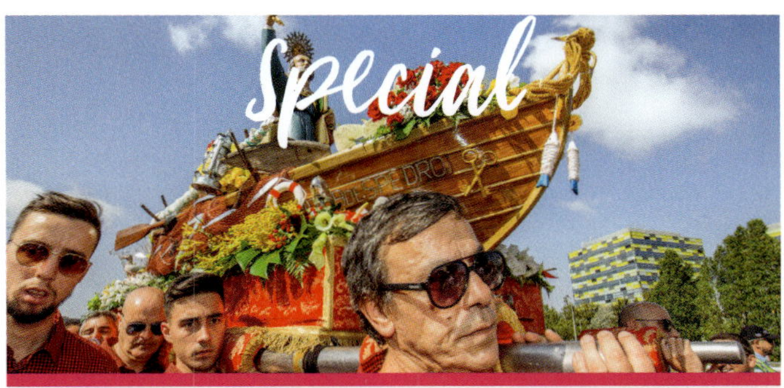

AM ANDEREN UFER

Häufig steht über Afurada, das »Fischerdorf« gegenüber Porto, zu lesen, dass die Frauen dort immer noch auf dem öffentlichen Waschplatz waschen wie ihre Mütter und Großmütter. Ein Gerücht?

Es gibt ihn tatsächlich, diesen Waschplatz, und fast immer flattern ein paar Hemden oder Tischtücher im Wind. Überquert man von Porto die Ponte da Arrábida und folgt der Uferstraße nach Westen, verlässt man eine Großstadt und gelangt in Afurada, im Windschatten von Vila Nova de Gaia, in ein dörfliches Idyll. Ältere Frauen sitzen auf Stühlen vor ihren Wohnungen und häkeln, die auf der Straße spielenden Kinder fest im Blick. Ein Fischer schlurft vorbei, der Pfarrer radelt grüßend durch den Ort. In den Restaurants steht Rustikales wie Bacalhau à Brás auf der Karte. Wenn abends die Gäste in großen Gruppen einkehren, kommt Hektik auf. Bis der letzte Gast gegangen ist. Dann ist São Pedro de Afurada wieder nur ein Dorf (Abb. Festa de São Pedro de Afurada).

DIE WEIN-LODGES VON GAIA

Kopke betrieb eine Lodge in Vila Nova de Gaia am Südufer des Douro, Porto gegenüber, wie die anderen großen Portweinhäuser auch. Die Händler kauften den Winzern im Dourotal den bereits aufgespriteten Wein ab und verschifften ihn bis Gaia. Die Weinkeller waren tief in die Felshänge gegraben und garantierten gleichbleibend kühle Temperaturen für den langen Reifeprozess der Portweine, der bis zu 40 Jahre lang dauern konnte. Als Weinhändler spielten die Nachkommen von Christiano bis Mitte des 19. Jahrhunderts eine bedeutende Rolle nicht nur im Weinbau, sondern auch im politischen Leben ihrer Wahlheimat. Doch gegen Ende des Jahrhunderts verlor sich die Spur der Portwein-Dynastie – auch wenn der Name erhalten blieb: Der Betrieb ging zunächst an eine englische und 2006 an eine portugiesische Firma, deren Portfolio sich auch mit weiteren Traditionsnamen schmückte.

Wenn Sie in Gaia bei Calem zur Verkostung einkehren oder bei Kopke, steht fast überall ein großes Unternehmen dahinter. Von den ursprünglich mehr als 50 Familienbetrieben ist kaum noch eines unabhängig. Fünfzehn große Player, darunter mehrere internationale, machen das Geschäft untereinander aus und reklamieren drei Viertel der Umsätze für sich. Trotzdem macht es mehr Spaß, im luxuriös-nostalgischen Graham's Vintage Room oder im gemütlichen Tasting Room von Kopke an feinen Tawnys oder Colheitas zu nippen als in der Massenabfertigung von Sandeman. Die Gründerväter auf ihren Gemälden an den Wänden sehen wohlwollend zu.

Phönix am Douro

EINE STADT ERFINDET SICH NEU

Wenn es um das Thema Gentrifizierung geht, ist fast immer auch von Porto die Rede. Die Altstadt, so viele Berichte, wird entvölkert. Stimmt das? Wir machten uns auf die Suche.

In einem gelungenen Mix aus traditioneller und zeitgenössischer Architektur zeigt das Museu da Misericórdia do Porto (MMIPO) Sakral- und Porträtkunst.

Schauen Sie doch einmal nach oben, wenn Sie durch die Rua da Fonte Taurina bummeln. Was sehen Sie?

Nichts?

Eben! Sollte da nicht Wäsche an der Leine flattern? Wohnt da oben, über all den hell erleuchteten Restaurants, Kneipen, Shops jemand? Alles dunkel. In den Gassen hinter der renovierten Häuserzeile des Cais da Ribeira wird oft nur das Erdgeschoss saniert, es geht offensichtlich ums schnelle Geld.

WELTKULTURERBE: EHRE UND LAST

Im Jahr 1996 hatte die UNESCO Portos Altstadt zum Weltkulturerbe erklärt, 2018 stellte ein alarmierender Bericht fest, dass die Stadt kaum etwas unternehme, um die traditionelle Infrastruktur zu schützen. Vielmehr seien die Bewohner willkürlicher Mieterhöhung, Kündigung und Vertreibung ausgesetzt, während die Touristen ihre Rollkoffer in luxussanierte Apartments beförderten.

Was macht das mit einer Stadt?

Äußerlich hat sich die Ribeira zu ihrem Vorteil verändert: Bilder aus den 1980er-Jahren zeigen die heute so reizvolle Rua das Flores als düstere, von Verfall und Müll gezeichnete Gasse. Das berühmte Postkartenmotiv der Häuser am Cais da Ribeira mit ihren warmen Farben und dem verspielten Azulejo-Schmuck sah vor noch nicht allzu langer Zeit ärmlich und abschreckend aus. Diese Veränderungen waren und sind dem wirtschaftlichen Aufschwung geschuldet, den der Städtetourismus mit Steigerungsraten von jährlich 20 Prozent nach Porto brachte. An der Touristensteuer – bis 2024 2 €, jetzt 3 €/Nacht – verdiente Porto 2024 mehr als 20 Millionen Euro: Ist also der Tourismusboom schuld an der Gentrifizierung der Ribeira?

MIETPREISSTOPP UND VERFALL

Ein Blick zurück: Im Jahr 1947 hatte die Salazar-Diktatur einen Mietpreis-Stopp verfügt, um soziale Unruhen abzuwenden. Dieser blieb bis 1981 bestehen – noch bis in die 2000er-Jahre durfte bei Altverträgen nur ein Inflationsausgleich angesetzt werden. Das klingt erst mal gut, aber die Bausubstanz war so nicht zu erhalten: Wer konnte, wich dem Verfall und zog in Sozialwohnungen am Rand der Stadt.

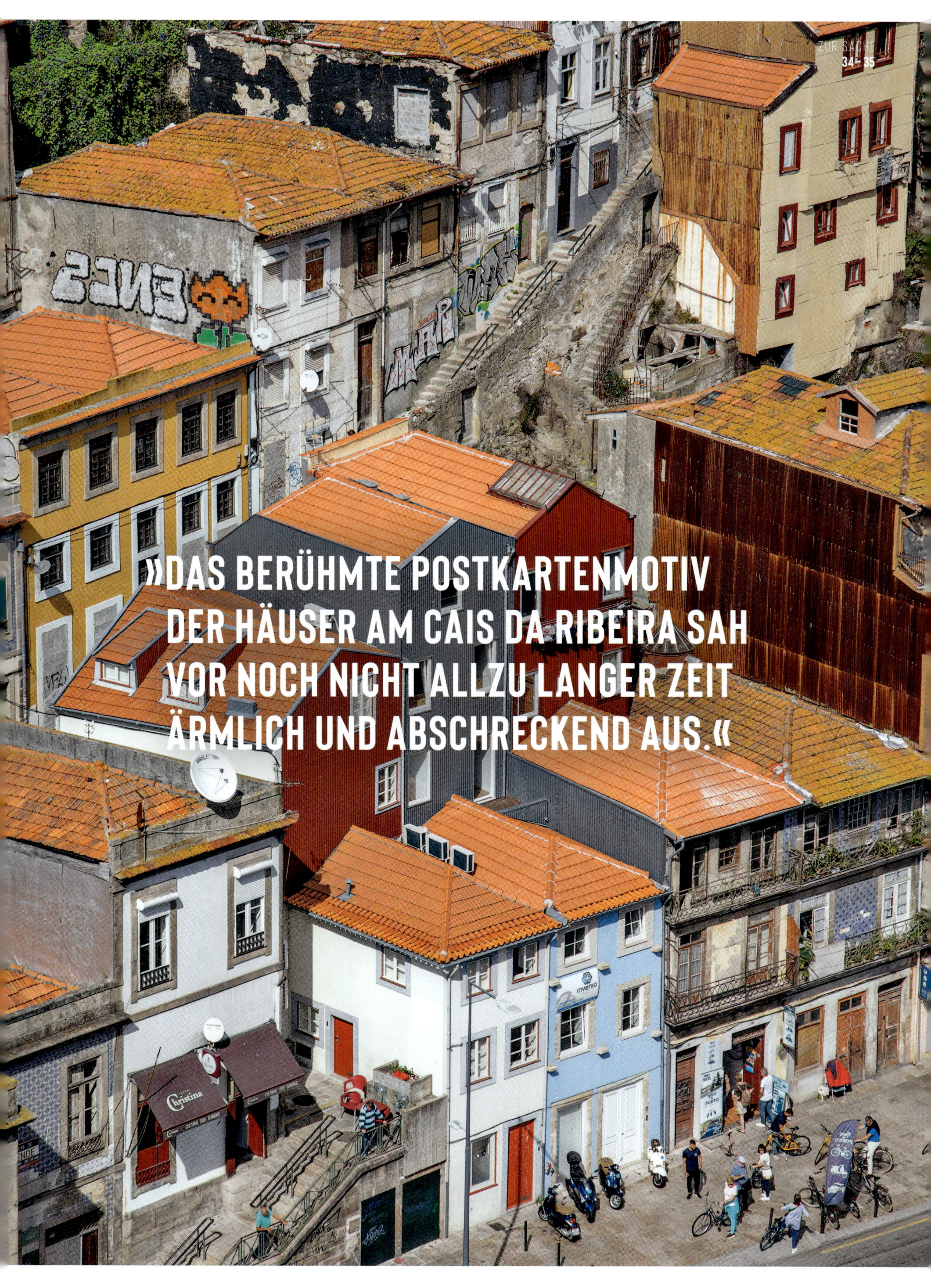

»DAS BERÜHMTE POSTKARTENMOTIV DER HÄUSER AM CAIS DA RIBEIRA SAH VOR NOCH NICHT ALLZU LANGER ZEIT ÄRMLICH UND ABSCHRECKEND AUS.«

Escadas do Codeçal: Teile der Ribeira sind immer noch nicht saniert.

Zwischen 1940 und 2001 verlor die historische Altstadt rund 70 Prozent ihrer Bewohner, statt 42 000 Menschen lebten nun nur noch 13 000 im UNESCO-Weltkulturerbe.

SOZIALER FOKUS UND SANIERUNG

Nach der Nelkenrevolution im Jahr 1974 hat Portugal einiges versucht, um den Prozess umzukehren. Staat und Stadt finanzierten in der Ribeira die Renovierung von Häusern. Doch als Porto den Welterbe-Status erhielt, war der reale Effekt minimal: Ganze zehn Prozent oder 150 Altstadthäuser konnten in 25 Jahren renoviert werden.

Als Anfang des 21. Jahrhunderts Sozialdemokraten die linke PS-Regierung ablösten, veränderten sich auch die Parameter des staatlichen Engagements. Der gesamte Sanierungsbedarf in der Altstadt wurde nun der privaten Hand überlassen. Die neu gegründete Agentur Porto Vivo SRU verstand und versteht sich als Bindeglied sowie als Netzwerker zwischen Stadt und Investoren. Der schleppende Sanierungsprozess nahm plötzlich Fahrt auf – ziemlich zeitgleich mit der Ankunft der ersten »Billigflug-Linien« 2005.

BOOM MIT TRÄNE IM KNOPFLOCH

Das Ergebnis der Entwicklung bestaunen heute jährlich weit über 2 Mio. Porto-Besucher. Statt dem Geplärr eines Küchenradios hallt nun das ohrenbetäubende Geknatter von Presslufthämmern durch die Gassen. Die Immobilienpreise kletterten in astronomische Höhen, überall wird gebaut.

FAKTEN & INFORMATIONEN

Alle Zahlen stammen aus staatlichen portugiesischen Statistiken. »Die andere Seite von Porto«, garniert mit viel Hintergrundwissen und -storys, präsentiert »The Worst Tours« bei seinen Stadtspaziergängen durch marginalisierte oder von der Gentrifizierung bedrohte Viertel: Infos und Anmeldung bei https://theworsttours.weebly.com

Blick von der Ribeira auf die Ponte Dom Luís I.

Oben und unten: Restaurants und Cafés laden in der Ribeira zur gemütlichen Einkehr ein.

VITÓRIA
MIRAGAIA
SÉ
RIBEIRA
FONTAINHAS
SANTO ILDEFONSO
Avenida dos Aliados
Rua Passos Manuel
Rua Formosa
Rua de Santa Catarina
Rua de Fernandes Tomás
Bolhão
Mercado do Bolhão
Rua da Restauração
R. dos Clérigos
Rua Mouzinho da Silveira
Av. D. Afonso Henriques
Rua Nova da Alfândega
Avenida Gustavo Eiffel
Rua do Dugue Loulé
Avenida Rodrigues de Freitas
Estação de S. Bento
Hospital de Santo António
Jardim João Chagas
Igreja da Misericórdia
Sé Catedral
Paço Episcopal
Igreja de São Lourenço
Palácio da Bolsa
Igreja de S. Francisco
Casa do Infante
Feitoria Inglesa
Mercado Ferreira Borges
Igreja de Santa Clara
Teatro Nacional
Coliseu do Porto
Praça da Batalha
Praça de Liberdade
Museu Nacional Soares dos Reis
Rio Douro
Ponte D. Luís I
Ponte Infante D. Henrique
VILA NOVA DE GAIA
Capela Sra. do Além
Cais da Ribeira
Cais da Estiva
Cais dos Guindais
Maßstab 1:9000
0
200 m
1
2
3
4
5
6
7
8
OCEANO ATLÂNTICO
PORTO
Matosinhos
Leça da Palmeira
Montedouro
Corgo
Condominhas
Vila Nova da Telha
Moreira
Maia
Nogueira
Ermezinde
Águas Santas
Abelheira
Sobrado
SENHORA DA HORA
RIO TINTO
FÂNZERES
Gondomar
Valbom
Foz do Douro
São Pedro da Afurada
Lavadores
Canidelo
Vila Nova de Gaia
Madalena
Oliveira do Douro
Vilar de Andorinho
Fundação Serralves
Museu Nac. de Soares dos Reis
Centro de Arte Casa São Roque
Museu do Carro Eléctrico
Centro
Ribeira
Leça do Balio
Rio Leça
Rio Douro
Rio Ferreira
Maßstab 1:150.000
0
2
4km

VOM LEBEN AM FLUSS: WO PORTO ENTSTAND

Nördlich des Douro das Hafenviertel Ribeira, südlich davon die Portweinstadt Vila Nova de Gaia: Portos Keimzellen sind unabhängig voneinander entstanden, stehen aber seit alters her in Verbindung. Den Fluss dazwischen überbrückt die elegante Ponte Dom Luís I.

Als »Ribeira«, Flussufer, bezeichnet man eigentlich nur das Douroufer und die steil ansteigenden Gassen bis zur Rua Infante Dom Henrique. Aber mittlerweile hat sich der Name für den weiteren Altstadtbereich bis zur Kathedrale Sé eingebürgert. Hier unterhielten bereits die Römer einen Hafen, »portus«, der zum Namenspatron der Stadt wurde. Als Schiffsanlegestelle fungiert der Cais da Ribeira bis heute; allerdings transportieren die bunten Rabelos-Boote nicht mehr Portwein, sondern Besucher aus aller Welt. Seit 1996 zählt Portos Altstadt zusammen mit der Brücke Dom Luís I und dem Kloster Serra do Pilar in Vila Nova de Gaia zum UNESCO-Weltkulturerbe.

FRÜHSTÜCK MIT PANORAMABLICK AUF DEN FLUSS

*Im **My Coffee Porto** an den Escadas do Codeçal (Abb. oben) ist der Panoramablick auf den Douro eine kostenlose Dreingabe zu leckeren Toasts, Müslis und Pastéis. Davon gestärkt, klettern Sie anschließend mit dem historischen Funicular dos Guindais bergauf – und schon sind Sie mittendrin in der Ribeira, einer der beiden Keimzellen der Stadt.*

__My Coffee Porto__, Escadas do Codeçal 22, Tel. 964 85 08 54, www.mycoffeeporto.com, tgl. 9.00–18.00 Uhr

Über dem Kreuzgang der Kathedrale von Porto befindet sich eine begehbare Terrasse.

SEHENSWERT

Der (1) **Cais da Ribeira** ist einer der lebhaftesten Orte der **Ribeira TOPZIEL**. Den besten Blick auf die bergauf gestaffelten Häuserzeilen hinter dem Kai haben Sie vom gegenüberliegenden Ufer in Vila Nova de Gaia, aber auch beim Bummel entlang der Hafenmauer, vorbei an zahllosen Cafés und Restaurants, werden Sie die bunten, teils mit den typischen portugiesischen Fliesen, den Azulejos, verkleideten Fassaden begeistern.

Sprossenfenster und schmiedeeiserne Balkone, hier und da noch eine hölzerne Veranda schmücken die schmalen, hohen Häuser: Bereits ab dem Mittelalter fungierte die (2) **Praça da Ribeira** als Markt- und Warenumschlagplatz. Im 18. Jh. erhielt sie den monumentalen Brunnen **Chafariz da Rua de São João**. Die moderne Heiligenstatue Johannes des Täufers (São João Baptista) stammt aus der Hand des Künstlers João Cutileiro.

Die **Rua dos Mercadores**, die Straße der Händler, führt durch das eng bebaute Viertel bergauf in Richtung Kathedrale. Davor lohnt ein Abstecher zur eigenwillig gestalteten (3) **Igreja de São Lourenço** (Largo do Colégio, Mo.–Fr. 9.00–16.30, Sa. 10.00–13.30, 14.30–18.00 Uhr). Im Volksmund trägt das im 16. Jh. erbaute frühbarocke Gotteshaus den Namen »Igreja dos Grilos«, Grillen-Kirche. Von Jesuiten begründet, gingen Kloster und Kirche im 18. Jh. an den Augustinerorden, dessen Hauptkonvent sich in Lissabon an einem »lugar dos grilos«, dem Ort der Grillen, befand. Als die »irmãos-grilos« (Grillen-Brüder) die Jesuitenbauten in Porto übernahmen, übertrug sich auch ihr Spitzname. Monumental wirkt die überdimensional hohe Fassade, während das Innere mit seiner zwischen Renaissance und Barock changierenden Ausstattung klassischen Linien verhaftet ist.

Treppauf gelangt man weiter zur (4) **Sé** (April bis Okt. tgl. 9.00–18.30, Winter bis 17.30 Uhr; Kreuzgang schließt 30 Min. früher): Mit ihren mächtigen quadratischen Türmen erinnert die Kathedrale von Porto eher an eine Festung als an eine Kirche. Das im 12. Jh. aus dunklem Granit erbaute Gotteshaus steht in spannendem Kontrast zum eleganten, hellen Barock des **Bischöflichen Palastes**, der die Südseite des Platzes einnimmt. Der in Porto viel beschäftigte Italiener Nicolau Nasoni errichtete ihn 1771. Die **Nordfassade** der Kathedrale schmückte er mit einer barocken Loggia, die wie ein fremdartiges Anhängsel wirkt. Das **Kirchenschiff** zeigt eine strenge, dunkle Gotik, mit hohen gebündelten Säulen und in die Vertikale strebende Linien. Durch die verspielte Rosette an der **Hauptfassade** fällt Licht in das mystisch erscheinende Dunkel und erhellt Kunstwerke wie den **Silberaltar** in der nördlichen Chorkapelle. Hundert Jahre, von 1632 bis 1732, dauerten die Arbeiten an diesem Meisterstück der Silberschmiedekunst. Begleitet von Azulejos mit Motiven aus Ovids Metamorphosen führt eine Treppe zu einer Terrasse über dem bezaubernden **Kreuzgang** aus dem 14. Jh. Der Blick über die Ribeira ist unvergesslich.

MUSEEN

Ob Heinrich der Seefahrer, der Wegbereiter der portugiesischen Entdeckungsreisen, am 4. März 1394 tatsächlich das Licht der Welt im alten **Zoll-**

haus von Porto erblickte? Vieles spricht dafür, einiges auch dagegen. Das angebliche Geburtshaus **5 Casa do Infante** (Rua da Alfândega 9, Tel. 222 060400, https://museudoporto.pt, Di.–So. 10.00 bis 17.30 Uhr) schmückt das Wappen der Dynastie der Avis-Könige. Grabungen brachten römische Fundamente ans Licht, die im Jahr 1325 zunächst mit einer Münzstätte und im 17. Jh. mit der Alfândega Velha, dem Zollhaus, überbaut wurden. Während die dem Infante gewidmete Ausstellung eher mager ausfällt, sind die verschiedenen Bauschichten mit den römischen Mauern eine Attraktion.

Sakrale Kunst in moderner Inszenierung zeigt das **6 Museu da Misericórdia do Porto** (R. das Flores 5, Tel. 220906960, www.mmipo.pt, April bis Sept. 10.00–18.30, sonst bis 17.30 Uhr), darunter Werke flämischer Meister wie das Colijn de Coter zugesprochene Gemälde »Fons Vitae«. Daneben erzählt das Museum die Geschichte der im Jahr 1499 gegründeten, wohltätigen Bruderschaft Santa Casa da Misericórdia, die bis heute eine wichtige Rolle spielt. Die Spannung zwischen barocker Architektur und zeitgenössischer Präsentation macht die Ausstellung besonders sehenswert. Zum Abschluss besichtigt man die mit Azulejos geschmückte Kirche des Ordens, an der u.a. Nasoni beteiligt war.

KOCHEN WIE DIE PORTUGIESEN

Möchten Sie lernen, wie eines von Portos Lieblingsgerichten, Bacalhau à Brás, zubereitet wird? Bei »Cook in Ribeira« kein Problem. Das sympathische Team organisiert halbtägige Kochkurse, in denen die Teilnehmer z.B. Stockfisch, Kartoffeln, Zwiebeln und Ei sowie Oliven und Gewürze zu dieser herzhaften Speise komponieren. Dass die dann gemeinsam und begleitet von einem Glas Wein genossen wird, versteht sich von selbst.

***Cook in Ribeira**, Rua Infante Dom Henrique 16, Tel. 967003160, www.cookinribeira.com, mind. 2 Teiln., ab 110 €/Person*

HOTELS

Übernachten in der Ribeira bedeutet zweierlei: hohe Preise wegen der zentralen Lage und hoher Lärmpegel, denn auch nachts ist die Gegend beliebt. Vor allem Ketten wie Pestana unterhalten hier Hotels.

Eine perfekte Kombination aus historischer Architektur und moderner, schicker Einrichtung gelingt dem **€€€€ Descobertas Boutique Hotel** (R. da Fonte Taurina 14, Tel. 222011473, www.aspasios.com). Im engen Gassengewirr der Ribeira ist aber keine tolle Aussicht zu erwarten, und besonders leise ist es in diesem ansonsten sehr angenehmen Haus auch nicht.

Etwas großzügiger – über ein historisches Stadtpalais und einen schicken Neubau an Portos beliebter Shopping-Straße – breitet sich dagegen das **€€€€ Porto Bay Flores** (R. das Flores 27, Tel. 220047000, www.portobay.com) aus. Hinter dem Palais verbirgt sich sogar ein kleiner Garten. Einrichtung und Service machen Freude, die Preise weniger; aber es gibt immer mal wieder auch Schnäppchen!

RESTAURANTS

Viele Restaurants in diesem Teil Portos sind verwöhnt vom touristischen Ansturm und deshalb nicht mehr sehr authentisch. Anders verhält es sich mit dem **€€€ Traça** (Largo São Domingos 8, Tel. 222 08 10 65, https://restaurantetraca.com), das sich die Bewahrung traditioneller Speisen in modernem Gewand auf die Fahnen geschrieben hat. Tout Porto fliegt auf seine Schweinebäckchen in Portwein!

Ganz so originell sind die Gerichte im **€€ Postigo do Carvão** (Rua Fonte Taurina 34, Tel. 222 004539, www.postigodocarvao.com) nicht, das gemütliche Lokal unter großen Gewölben setzt auf portugiesisch Standards, die stets frisch zubereitet und gut gelaunt serviert werden.

Im Herzen der Ribeira speisen Sie auch in der **€€ Adega de São Nicolau** (R. de São Nicolau 1, Tel. 222008232, www.facebook.com/AdegaSNicolau). »Tripe«, Innereien, sind eine der vielen Spezialitäten, für die Einheimische in langer Schlange anstehen – also besser reservieren!

EINKAUFEN

In Porto muss es Portwein sein – entweder in einer der großen Kellereien von Gaia oder bei **Port in a Bottle** (R. das Flores 263), das Portweine kleiner, exklusiver Erzeuger führt und gut berät.

VILA NOVA DE GAIA

Vom Cais da Ribeira betrachtet scheint **Vila Nova de Gaia TOPZIEL** nur aus Portweinwerbung zu bestehen. Übergroß grüßen Namen wie Sandeman, Ferreira oder Cruz von den Dächern der Portwein-Kellereien am Kai. Doch die eigentliche Stadt erstreckt sich vom Douro weit nach Süden und Westen und hat mehr Einwohner (304000 Ew.) als Porto gegenüber (232000 Ew.). Auch Vila Nova de Gaia ist eine römische Gründung und war davor von Keltiberern besiedelt. Dann verlor es zugunsten Portos an Bedeutung. Der Portweinboom ab dem 17. Jh. bescherte Vila Nova einen neuen Aufschwung, weil die Händler den Port hier lagerten und verschifften. Bis heute haben alle großen Namen im Portweingeschäft in Gaia ihren Sitz.

SEHENSWERT/ERLEBEN

Bis zum Jahr 1842 waren Porto und Gaia nur per Fähre verbunden. Die dann errichtete Hängebrücke ersetzte Théophile Seyrig, ein ehemaliger Gründungspartner von Gustave Eiffel, 1886 durch die schmiedeeiserne **7 Ponte Dom Luís I**, deren 172 m lange, tiefere Fahrbahn den Kai von Ribeira mit jenem in **8 Vila Nova de Gaia** verbindet. Darüber verläuft eine zweite Fahrbahn, die Fußgängern und der Metro vorbehalten ist und in Gaia etwas unterhalb des **Mosteiro da Serra do Pilar** (Largo de Avis) endet. Mit der Kirche auf kreisrundem Grundriss und ebenfalls rundem Kreuzgang bildet das im 16. Jh. erbaute Augustinerkloster eine auffällige Landmarke. Seit dem 19. Jh. wird die Anhöhe militärisch genutzt. Nur Gotteshaus und Aussichtsterrasse sind öffentlich zugänglich. Der Blick ist wie bei allen Miradouros in Porto fantastisch.

Unweit des Klosters, in der Parkanlage **Jardim do Morro**, beginnt bzw. endet die Seilbahn (**Teleférico de Gaia**, www.gaiacablecar.com, Mai bis Sept. 10.00–20.00, April, Okt. bis 19.00, Nov.–März bis 18.00 Uhr). Auf einer Länge von einem halben Kilometer verbindet sie den Park mit der Talstation unweit der Markthalle von Gaia am Kai. Während der Fahrt eröffnen sich herrliche Panoramen auf den Fluss, die Brücke und vor allem auf die Ribeira. Von oben erkennen Sie auch gut die Lagerhallen-ähnliche Struktur der Wein-Lodges.

Ohne Besichtigung und Verkostung in einer solchen Kellerei und einem Bummel entlang des lebhaften **Cais do Gaia** wäre kein Besuch in Vila Nova de Gaia komplett. Hier laden bunte Rabelo-Boote zu Flussfahrten ein, Restaurants wetteifern um die Gunst von Gästen. Der auffällige Bau des **Espaço Porto Cruz** (Largo Miguel Bombarda 23) hat neben Portweinverkostung und Restaurant noch eine Dachterrasse zu bieten, auf der Portweingenuss und weite Panoramen harmonisch zueinanderfinden.

HOTELS

€€€€ The Yeatman schwebt unübersehbar über allem: Wer sich für Gaias 5-Sterne-Luxusherberge mit Zimmerpreisen ab 350 Euro interessiert, klicke www.the-yeatman-hotel.com. Wir empfehlen da lieber eine Unterkunft am anderen Ende der Skala: das sympathische **€ B&B Boreal Porto Gaia** (R. Luis de Camões 560, Tel. 220169257, über Buchungsportale), das weder Luxus noch Ausblick bietet, dafür aber eine herzliche Aufnahme, geschmackvoll-moderne Räume und einen Mini-Pool.

Vier-Sterne-Komfort finden Sie im modernen **€€€ Caléway Hotel** (R. Cândido dos Reis 182 Tel. 222440810, www.calewayhotelportogaia.com), oberhalb der Wein-Lodges gelegen.

RESTAURANTS

Die Restaurants entlang des Kais sind dicht gedrängt. Die **€€ Taberna dos Mercadores** (Rua

Regata dos Barcos Rabelos: In solchen Booten wurden einst die Portweinfässer transportiert.

Auf dem Vorplatz der Kathedrale (Sé, s. S. 39) steht ein beeindruckender Pranger.

dos Mercadores 36/38, Tel. 222 01 05 10, www.facebook.com/tabernamercadores) ist winzig, daher unbedingt reservieren! Sie begeistert mit familiärer Atmosphäre, portugiesischen Traditionsrezepten und frischem Fisch. Unbedingt Platz lassen für eine der köstlichen Nachspeisen ...

Eine andere Spezialität, die Francesinha, bekommen Sie angeblich nirgendwo so gut zubereitet wie im **€ Tappas Caffé Regional** (Rua Guilherme Gomes Fernandes 204, Tel. 916 68 60 11, www.tappascaffe.pt). Das mit Fleisch, Wurst, Käse und je nach Gusto noch mit vielem anderen gefüllte sowie überbackene portugiesische Sandwich wird im Holzofen zubereitet.

INFORMATION
Porto Welcome Center, Praça Almeida Garret 27, Tel. 938 66 84 62, http://www.portoenorte.pt, April–Okt. tgl. 9.00–19.00 Uhr

IM LAUFSCHRITT DURCH PORTO

Sie denken, durch eine Stadt sollte man bummeln, nicht laufen? Dann kennen Sie Sergio nicht, der nicht nur ein sehr entspannter Läufer ist, sondern auch ein exzellenter Guide. Er macht Porto aus der Laufperspektive zu einem unvergesslichen Erlebnis.

Es ist sehr früh, als Sergio uns zur Sunrise-Tour durch Portos Altstadt abholt. Die Sonne ist gerade einmal über den Horizont gerutscht, die schmalen Gassen liegen im grauen Halbdunkel, aber viele Leute sind schon wach. Rollos werden rasselnd hochgezogen, die Müllabfuhr sammelt die Abfallbeutel ein, unsere Schritte hallen. Sergio fällt in leichten Trab und erzählt, wie sehr sich die Ribeira in den letzten Jahren verändert hat. Am Cais da Ribeira angekommen, ist alles in Morgensonnen-Orange getaucht.

Wir hatten Sergio um eine flache, kurze Tour gebeten, also geht's jetzt am Douro entlang nach Westen. Die Sonne im Rücken, den glitzernden Fluss zur Linken, auf dem bereits die ersten Rabe-

Ponte Dom Luís I: Trainer Sergio (rechts) kennt die besten Wege.

los entlangschippern, laufen wir vorbei an Frühaufstehern, die ihre Angeln ausgeworfen haben, und parallel zur Tramlinie 1, die uns schon bald überholt, in Richtung Douromündung. Nach der Ponte da Arrábida zeigt uns Sergio Afurada am gegenüberliegenden Ufer einen hübschen Fischerort: »Da müsst ihr abends zum Essen hin, der Blick auf Porto ist fantastisch.« Die Stunde vergeht wie im Flug, und dann sind wir auch schon in Foz do Douro am Atlantik. Auf gleichem Weg zurück? Nein, Sergio hat eine Überraschung parat: Wir steigen in den Elétrico Nr. 1 und beenden den Lauf mit einer Trambahn-Stadtrundfahrt.

Angebot: Porto Running Tours bietet verschiedene, etwa zweistündige Themen- aber auch maßgeschneiderte Lauftouren an. Buchung über www.portorunningtours.com, Tel. 914 60 10 10, Tour 45 €/Person, bis 5 Teilnehmer 30 €/Person

FEBAFI
REMIX

Porto: Die Handelsstadt

*

ZWISCHEN KUNST UND KOMMERZ

*

Dass in Porto jenes Geld verdient wird, das die leichtlebigen Lissabonner mit vollen Händen ausgeben, weiß zumindest im Norden Portugals jedes Kind. Das Händchen fürs Geld ist aber nicht der einzige signifikante Unterschied zwischen der Kapitale des Nordens und der Landeshauptstadt.

An guten Adressen zum Stöbern, Entdecken und Entspannen herrscht in Porto kein Mangel.

Während am Bahnhof São Bento gearbeitet wurde, hielten die Züge »auf offenem Feld« an der Praça da Liberdade: 1916 öffneten sich die Tore zur 550 Quadratmeter großen Bahnhofshalle.

Die Azulejos im Bahnhof São Bento illustrieren Schlüsselszenen der portugiesischen Geschichte wie hier eine Eroberung unter Heinrich dem Seefahrer.

Legendär ist auch die Aufsässigkeit der Portuenser. Zum Beispiel die »Revolte von Mançarocas« 1629, als wütende Spinnerinnen Minister Francisco de Lucena mit Steinwürfen aus der Stadt jagten, weil er eine Steuer auf Leinen eingeführt hatte. Die Damen blieben straffrei, die Beteiligten am »Säufer-Aufstand« gegen die Regulierung des Portwein-Handels durch Marquês de Pombal zahlten dagegen einen hohen Preis: Der Marquês ließ die Rebellion im Jahr 1757 gnadenlos niederschlagen und die Rädelsführer hängen.

VON AUFSTAND ZU AUFSTAND

Im Jahr 1826 erkämpften die Portuenser eine liberale Verfassung für Portugal, die König Pedro IV. als Reiterdenkmal auf der Praça da Liberdade stolz in Händen hält. Während der Miguelistenkriege, die das Land im 19. Jahrhundert erschütterten, stand Porto natürlich auf Seiten der Liberalen und des portugiesischen Königs, während Lissabon die Absolutisten und den Gegenkönig Michael favorisierte. Übrigens sahen viele in der politischen wie dynastischen Auseinandersetzung einen Stellvertreterkrieg. Eine Karikatur aus jener Zeit zeigt Pedro, dem England den Rücken stärkt, während Miguel die Spanier unter die Arme greifen. Schließlich übernahm im Jahr 1834 Pedros Tochter Maria den Thron. Pedro bedankte sich bei den Portuensern für die geleistete Unterstützung, indem er ihnen sein Herz überließ: Es ruht in der Igreja da Lapa.

»DASS PORTO SO SELBSTBEWUSST UND LIBERAL AUFTRETEN KONNTE, LAG AN SEINER WIRTSCHAFTSKRAFT.«

EINE BÖRSE FÜR DIE KAUFMANNSCHAFT

Dass Porto in dieser Zeit so selbstbewusst und liberal auftreten konnte, lag an seiner Wirtschaftskraft. Nicht der Adel, sondern die Kaufmannschaft spielte die erste Geige – schon vor dem Portweinboom. Bereits im 16. Jahrhundert erwirkten Portos Geschäftsleute ein königliches Dekret, das es Adeligen verbot,

Der nach dem Vorbild der Alhambra in Granada gestaltete Maurische Saal des Börsenpalastes sollte Handelspartner beeindrucken.

Oben: Vom lichten Innenhof (Pátio das Nações) geht es in die Säle des Börsenpalastes (Palácio da Bolsa).

Links: Detail im mit edelsten Hölzern ausgestatteten Maurischen Saal des Börsenpalastes.

länger als drei Tage in der Stadt zu verweilen, geschweige denn sich dort niederzulassen.

Böse Zungen behaupten, die Händler, die ja oft Wochen und Monate auf Reisen waren, hätten damit ihre Frauen und Töchter vor der Zügellosigkeit der Vons und Zus beschützt. Wie auch immer, 1841 bedankte sich Königin Maria II. bei den Kaufleuten für die im Krieg geleistete Unterstützung und überließ ihnen das Grundstück eines Klosters, das anlässlich der Miguelistenkriege abgebrannt war. Hier sollte nun kein Palast des Adels, sondern einer des Handels entstehen. Da die im Jahr 1834 gegründete Handelskammer – die älteste Wirtschaftsvereinigung dieser Art im Land – das monumentale Projekt aber nicht alleine stemmen konnte, verfügte die Königin, dass die Kaufleute zehn Jahre lang Sondereinnahmen auf alle in Porto verzollten Waren erhalten sollten. So konnte der Palácio da Bolsa, in dem Portos Börse und das Handelsgericht ihren Sitz hatten, errichtet werden. Bis heute nutzt die Associação Comercial do Porto den neoklassizistischen Bau. Die üppige Ausstattung in diversen Neo-Stilen ist zwar sehr imposant, künstlerisch aber nicht unbedingt wertvoll. Mag sein, dass sich darin auch ein bisschen was von Portos Wesen spiegelt: Handelstüchtig, sachlich und ein bisschen prahlerisch – brotlose Kunst überlässt man gerne den anderen.

GEHVERSUCHE EINES ZAUBERLEHRLINGS

Mit einer dieser scheinbar brotlosen Künste, dem Schreiben von Romanen, beschäftigte sich die Engländerin Joanne K. Rowling. Im Jahr 1991 war sie nach Porto gekommen, um dort Englisch als Fremdsprache zu unterrichten, und sie blieb zwei Jahre in der Stadt. In den langen Stunden, in denen sie keinen Unterricht gab, so die Legende, soll sie die Grundlinien ihrer sieben Harry-Potter-Bücher entworfen

»BROTLOSE KUNST ÜBERLÄSST MAN IN PORTO GERN DEN ANDEREN.«

haben. Als Anregung dienten ihr angeblich die portugiesischen Studentenuniformen mit den schwarzen Capes ebenso wie die schmalen, holprigen Treppensträßchen der Ribeira: Ist da nicht gerade ein Hogwart-Schüler um die Ecke der Winkelgasse gehuscht? Die fantastische »Livraria Lello« in der Rua das Carmelitas, so heißt es, habe sie wahlweise zur »Großen Halle« im Zauberinternat Hogwarts oder zur Zauberbuch-Buchhandlung »Flourish and

Vergoldete Holzschnitzerei (Talha dourada) schmückt den im 17./18. Jahrhundert üppig barockisierten Innenraum der ursprünglich einmal gotisch schlicht gestalteten Igreja de São Francisco.

Links: Der Architekt Nicolau Nasoni inszenierte die Torre dos Clérigos als eine Art gen Himmel weisenden Finger Gottes – Panoramablick inklusive.

Oben: Mehrmals im Jahr eröffnen alle Galerien im Karree um die Rua Miguel Bombarda gemeinsam ihre neuen Ausstellungen mit Live Musik.

Unten, links: Von der Torre dos Clérigos blickt man auf die begrünte Praça de Lisboa.

Die geschwungene Holztreppe in der Buchhandlung Lello könnte ein Vorbild für das Treppenhaus in Harry Potters Zauberschule gewesen sein.

Rechts: Stolz zeigt Andreia Ferreira von der Buchhandlung Lello einen wertvollen Schatz - einen »Wiegendruck« (Inkunabel) aus den Anfängen des Buchdrucks.

Blotts« inspiriert. Und die ersten drei Kapitel von »Harry Potter und der Stein der Weisen« soll sie im Café Majestic in der Rua de Santa Catarina geschrieben haben. Gegen diese Legende spricht allerdings, dass das Majestic schon damals kein preiswerter Laden war, erst recht nicht für eine schlecht bezahlte Englischlehrerin, wie Rowling es in Porto war.

DIE ICH RIEF, DIE GEISTER ...

Was genau und wo sie es in Porto geschaffen hat, das hat Joanne K. Rowling nie wirklich verraten. Im Jahr 1993 sei sie mit besagten drei Kapiteln im Gepäck nach Edinburgh gezogen, geht die Legende weiter, aber gerade wegen dieser Geheimniskrämerei lässt sich mit Harry Potter auch in Porto gut Geld verdienen. Die Livraria Lello verlangt mittlerweile zehn Euro für einen obligatorischen Einkaufsgutschein, es kommen mehr als eine Million Besucher im Jahr.

Ob auch die »Escovaria de Belomonte«, das historische Bürstengeschäft in der Rua de Belmonte,

»WIR BRAUCHEN KEINE MAGIE, UM DIE WELT ZU VERWANDELN; WIR TRAGEN ALLE KRAFT, DIE WIR BRAUCHEN, BEREITS IN UNS.«

Joanne K. Rowling

Oben, unten: Auch das Äußere der Igreja do Carmo schmücken bemalte Wandkacheln, Azulejos.

über eine ähnliche Aufbesserung ihrer Finanzen nachdenkt, ist nicht überliefert. Ihre handgefertigten Besen inspirierten Rowling angeblich zu Potters bevorzugtem Flugobjekt.

PORTO SEHEN UND STERBEN

Wie es sich für eine Kaufmannsstadt gehört, fanden hier zu allen Zeiten Menschen unterschiedlichster Herkunft ein Zuhause. Auch dem schon mehrfach erwähnten Italiener Nicolau (ursprüngl. Niccoló) Nasoni erging es nicht anders: 1691 unweit von Arezzo geboren, absolvierte er seine Lehrjahre an der Dombauhütte in Siena, arbeitete in Rom wie auf Malta

und kam 1723 nach Porto. Hier lebte er bis zu seinem Tod als geachteter Architekt und Maler, wenngleich sein Stil mit der portugiesischen Ausprägung des Hochbarock kaum übereinstimmte – zumindest was die Ausstattung von Kirchen anging. Während in Portugal jeder Quadratzentimeter des Raums mit wuchtig wirkender Talha Dourada ausgefüllt wurde, verwendete Nasoni diese beliebten, mit Gold überzogenen Schnitzwerke nur sparsam. An und in der romanischen Kathedrale von Porto bewies er sein Talent, als er sie behutsam und geschickt im Stil des Barock modernisierte.

Dann erhielt er im Jahr 1731 den Auftrag, einen gänzlich neuen Komplex zu errichten: den Sitz der Irmandade dos Clérigos Pobres mit Kirche und Hospital. São Bento dos Clérigos wurde sein Meisterwerk. Dabei galt es zwei Herausforderungen zu bewältigen: Das Grundstück am Campo do Olival lag am Hang und war schmal. Deshalb entschied sich Nasoni für einen im Portugal des 18. Jahrhunderts ungewöhnlichen Grundriss, ein Oval, und glich den Höhenunterschied nicht nur geschickt aus, sondern nutzte ihn genial für das triumphale Ausrufezeichen eines 76 Meter und sechs Stockwerke hohen, ungemein schlanken Turms. Die Wirkung des Baus auf dem freien, ansteigenden Gelände außerhalb der Stadtmauer war überwältigend: Nasoni stellte die Kirche voraus, dahinter das Mini-Hospital und den bald zu einem Wahrzeichen der Stadt werdenden Turm an den höchsten Punkt. Alle Linien strebten in die Vertikale, und das tun sie noch heute, auch wenn inzwischen dichter Verkehr die Kirche umtost. Mit São Bento dos Clérigos setzte Nasoni ein Ausrufezeichen, und es wurde gesehen. Nun folgten die Aufträge Schlag auf Schlag: Bischofspalast, Palácio do Freixo, Igreja da Misericórdia, Palácio de Mateus bei Vila Real, zahllose Privatpaläste, Brunnen, Altäre – Nasoni muss Tag und Nacht gearbeitet haben. Als er 1773 starb, war Porto eine Kapitale des Barock.

»IM GEFOLGE DER GALERISTEN KAMEN ORIGINELLE LÄDEN UND CAFÉS … EIN NEUES SZENEVIERTEL WAR GEBOREN.«

DIE KUNSTMEILE DER STADT

Aber auch die zeitgenössische Kunst ist in Porto zu Hause, und das nicht nur in spektakulären Museen wie der Fundação Serralves (s. Special S. 52). »Bombarda« nennen die Portuenser ihr Galerienviertel entlang der Rua Miguel Bombarda und ihrer Nebenstraßen. Hier gedeiht ein Künstler-Biotop, das mit einigen großen Galerien wie der Galeria Fernando Santos (Nr. 526) unweit des Parque do Palácio do Cristal begann und schon bald Nachahmer anzog. Im Gefolge der Galeristen kamen originelle Läden

Im Museu do Carro Elétrico, Portos Straßenbahnmuseum, wird an frühe Zeiten erinnert, als die Waggons noch von Pferden gezogen wurden.

Links: Orchesterprobe in der Casa da Música, einem futuristischen, nach Entwürfen von Rem Koolhaas erbauten Konzerthaus.

Mitte links: im Museu Nacional de Soares dos Reis.

Mitte rechts: Architektur, Kunst und Natur gehen im Museu de Arte Contemporânea de Serralves eine gelungene Symbiose ein.

Links: Graffiti im Galerienviertel und Künstlerbiotop rund um die Rua Miguel Bombarda und ihre Nebenstraßen.

und Cafés: das Teehaus Rota do Chá, das syrische Kultrestaurant Sabores do Sebouh oder das schicke Selina Hostel, in dessen Innenhof regelmäßig Autoren lesen oder Bands spielen. Ein neues Szeneviertel war geboren. Vormittags in ihm zu bummeln macht übrigens wenig Sinn, die meisten sperren erst nach zwölf auf, sind dann aber bis zum späten Abend offen. Meist am ersten Samstag in ungeraden Monaten präsentieren sich die Galerien gemeinsam mit einem großen Kunstevent, den »Inaugurações Simultâneas«. Galerien und Ateliers eröffnen neue Kunstausstellungen und organisieren geführte Rundgänge. Dann ist an jeder Straßenecke etwas los – ein Workshop, eine Performance oder ein improvisiertes DJ-Set.

KUNST IN STETEM WANDEL

Ein eleganter Park, eine roséfarbene Art déco-Villa und ein visionärer Museumsbau formen die Fundação Serralves, eine der spannendsten Attraktionen von Porto.

Nachdem das portugiesische Kulturministerium Porto den Zuschlag als Standort für ein Nationalmuseum zeitgenössischer Kunst gegeben hatte, erwarb der Staat die Quinta de Serralves westlich des Zentrums und beauftragte den Architekten Siza Vieira mit einem Museumsbau – eine gelungene Verbindung zwischen zeitgenössischer Architektur, der Serralves-Villa im Stil des Art déco und der weitläufigen, von dem Franzosen Jacques Gréber gestalteten Parklandschaft des Anwesens, in der das zentrale Parterre und die Allee aus Amberbäumen von der Architektur zur Natur überleiten.

Die Fundação Serralves zeigt keine permanente Ausstellung, sondern stellt pro Jahr in Sonderschauen herausragende Künstler vor. Zuletzt waren dies u.a. Yoko Ono, Arthur Jafa und Olafur Eliasson. Neben dem eigentlichen Kunst-Event erlauben Park und Art-déco-Villa einen spannenden Blick auf das »Innenleben« wohlhabender Portuenser Industriellenfamilien im 19./20. Jahrhundert.

Fundação Serralves, Rua D. João de Castro 210, Tel. 226 15 65 00, www.serralves.pt, Okt.–März Mo.–Fr. 10.00 bis 18.00, Sa./So. bis 19.00 Uhr, Sommer 1 Std. länger

Leben und leben lassen: Alltagsszenen in der Rua Dr. Artur Magalhaes Bastos (oben links), in der Rua do Rosario (oben rechts) und in der Rua de Miragaia (unten links).

Exzellente Fischgerichte und guter Wein werden im Meia-Nau (Matosinhos, Rua Heróis de França 375) serviert.

Rares für Rares: Antiquitätengeschäft in der Rua de Miragaia.

Am Zusammenfluss der Flüsse Douro und Tedo gedeihen prächtige Weine.

Douro

WEINREVOLUTION

Immer häufiger hört und liest man von den exzellenten DOC-Weinen des Douro, immer seltener wird bei Gesellschaften ein Gläschen Port offeriert. Das zeigt: Der Zeitgeschmack hat sich geändert.

João Roquette Álvares Ribeiro sieht die Entwicklung gelassen. Der Manager der Quinta do Vallado führt durch den futuristischen Weinkeller und erläutert die einzelnen Arbeitsschritte, die von der Traube zum kostbaren Tawny führen. Einst zählte die im 18. Jahrhundert gegründete Quinta zu den größten Lieferanten des Portweinhauses Ferreira; heute vermarktet sie Portwein unter der eigenen Marke Vallado. Das macht rund 15 Prozent der Gesamtweinproduktion aus. Den wirklichen Umsatz generieren João und seine Partner mit sehr gepflegten Rot- und Weißweinen. Mit dem »Douro Superior« beispielsweise, dessen Aroma an exotische Früchte erinnert, oder dem in Barrique ausgebauten »Adelaide«, eine Reverenz an die berühmte Stammmutter des Hauses Ferreira.

REVOLUTION IN LEISEN SCHRITTEN

Diese Dona Antónia Adelaide Ferreira würde sich allerdings wohl im Grab umdrehen, wenn sie wüsste, dass einer ihrer Nachfahren, Guilherme Álvares Ribeiro, Anfang der 1990er-Jahre dem Hause Ferreira Adieu sagte und sich unabhängig machte vom Portweinbetrieb. Im 19. Jahrhundert hatte Dona Antónia mit harter Hand und wirtschaftlichem Geschick Ferreira zu einem der wichtigsten Portweinhäuser entwickelt. Doch Ende der 1980er-Jahre kapitulierte die Familie vor dem Konzentrationsprozess auf dem Portweinmarkt und verkaufte an den Spirituosenkonzern Sogrape. Guilherme Álvares Ribeiro beschloss, auf Stillweine zu setzen. Er war nicht der erste. Auch Dirk van der Niepoort, ebenfalls Erbe eines traditionsreichen Portweinhauses, erreicht damit beachtliche Qualitäten.

EUROPA BEFREIT DEN DOURO

Warum diese Weinrevolution den Douro erst so spät erfasste, erklärt João Ribeira so: Seit Marquês de Pombals Regulierung des Weinanbaus und -handels 1756 war der Anbau im Dourotal ausschließlich auf Portwein ausgerichtet. Bis 1986 galt sogar ein

Weinlese auf der Quinta do Vallado, eine der ältesten und renommiertesten Kellereien Portugals.

Francisco Spratley Ferreira (auf dem Jeep) leitet heute mit João Ferreira Álvares Ribeiro die Quinta do Vallado.

Gesetz, das es den Winzern verbot, Wein zu exportieren. Jeder Tropfen, der Portugal verließ, floss durch die Keller der großen Lodges in Vila Nova de Gaia. Dann trat Portugal der damaligen Europäischen Gemeinschaft bei. Da das Portweinmonopol mit europäischem Recht nicht vereinbar war, musste Portugal den Handel freigeben. Erstmals konnten die Winzer selbst entscheiden, was sie produzieren wollten. Ganz Mutige stellten ihre Weinberge vom Dessertwein auf Tafelweine um – ein Prozess, der mehrere Jahre in Anspruch nahm, dann aber durchschlagende Erfolg hatte.

DIE CHINESEN KOMMEN

Ganz haben die meisten den Portwein nicht aufgegeben. Man nutzt das Image der alten Markennamen bei Verhandlungen mit Importeuren und Kunden, die man für die Tafelweine begeistern möchte.

Ist das nun das Ende des süßen Weins? Statistiken sprechen dagegen: Zwar gehen die Umsätze in den traditionellen Märkten wie Großbritannien und Frankreich zurück, aber sie steigen in neuen Segmenten. Sogar in China hat man den Portwein entdeckt. Die Winzer im Dourotal sollten sich mal besser vorsehen: Einmal nicht aufgepasst, und schon hat das Reich der Mitte sein eigenes Alto Douro.

Erfolgreiches Winzerpaar: Sandra Tavares da Silva und Jorge Borges führen gemeinsam die Kellerei Wine & Soul in Pinhão in einem Seitental des Douro.

FAKTEN & INFORMATIONEN

Alles über Port- und DOC-Weine erfahren Sie beim Besuch des Museu do Douro in Peso da Régua (S. 72). Die Ausstellung in Portos Museu do Vinho do Porto (Rua da Reboleira 37, Tel. 226 05 70 00, https://museudoporto.pt Di.–So. 10.00–17.30 Uhr) informiert ausführlich über Portwein.

Maßstab 1:9000
0
200 m
VITÓRIA
MIRAGAIA
SÉ
RIBEIRA
FONTAINHAS
SANTO ILDEFONSO
VILA NOVA DE GAIA
Rio Douro
Bolhão
Mercado do Bolhão
Capela das Almas
Rua de Fernandes Tomás
Rua Formosa
Rua Passos Manuel
Avenida dos Aliados
Praça de Liberdade
Estação de S. Bento
Igreja dos Clérigos
R. dos Clérigos
Rua da Restauração
Hospital de Santo António
Museu Nacional Soares dos Reis
Antigo Velódromo
Jardim de Carrilho Videira
Jardim João Chagas
Tribunal da Relação do Porto
Cadeia da Relação
Rua Mouzinho da Silveira
Igreja da Misericórdia
Sé Catedral
Paço Episcopal
Mercado Ferreira Borges
Palácio da Bolsa
Igreja de S. Francisco
Rua do Infante D. Henrique
Casa do Infante
Cais da Ribeira
Cais da Estiva
Avenida Gustavo Eiffel
Rua do Duque Loulé
Teatro Nacional
Coliseu do Porto
Avenida Rodrigues de Freitas
Igreja de Santa Clara
Escadas do Codeçal
Ponte Infante D. Henrique
Capela Sra. do Além
Convento de São João Novo
Rua Nova da Alfândega
Nova Alfândega
Museu dos Transportes e Comunicações
Horto das Virtudes
Maßstab 1:150.000
0
2
4km
PORTO
OCEANO ATLÂNTICO
Matosinhos
Leça da Palmeira
Maia
Ermezinde
Águas Santas
Gondomar
Valbom
Canidelo
Vila Nova de Gaia
Foz do Douro
São Pedro da Afurada
Lavadores
Madalena
Oliveira do Douro
Senhora da Hora
Rio Tinto
Fânzeres
Leça do Balio
Fundação Serralves
Museu Nac. de Soares dos Reis
Centro de Arte Casa São Roque
Museu do Carro Eléctrico
Centro
Ribeira
Rio Leça
Rio Ferreira
Rio Douro
OPO
A28
A41
A4
A3
A20
A1
A43
A44
E01
E82

STADT DER KAUFLEUTE UND HÄNDLER

Die Zeugnisse wirtschaftlichen Geschicks prägen Portos Zentrum jenseits der mittelalterlichen Ribeira mit breiten Avenuen, großzügigen Plätzen und einem veritablen Palast des Geldes, dem Palácio da Bolsa.

01–12

RUND UM DEN ALTSTADTKERN

Breite Avenuen, repräsentative Architektur der Wende vom 19. zum 20. Jh. und der wohl schönste Bahnhof Portugals laden zum Bummel durch die Viertel um den Altstadtkern ein. Auch an interessanten Geschäften und verlockenden Restaurants herrscht kein Mangel.

SEHENSWERT

Die ① **Igreja de São Francisco** (Rua do Infante D. Henrique, https://ordemsaofranciscoporto.pt, April–Sept. 9.00–20.00, Okt.–März bis 19.00 Uhr) präsentiert sich äußerlich in frühgotischer Architektur mit wuchtigen Stützpfeilern und einer fein gearbeiteten Rosette an der Westfassade. Das alles überstrahlende Stilelement im Inneren sind die **Talha dourada** genannten, mit Blattgold überzogenen Holzschnitzarbeiten. Zwischen den Jahren 1683 und 1764 arbeiteten Künstler an dieser Pracht. Besonders sehenswert ist im Chorraum der **Altaraufsatz** mit einer figurreichen Darstellung der Wurzel Jesse: Gezeigt wird die Abstammung Jesu aus dem Hause des Königs David in Form eines aus dem Leib Jesse – Davids Vater – erwachsenden Lebensbaums.

Blick aus der Rua de 31 de Janeiro auf die schlanke Silhouette der Torre dos Clérigos.

Der mit maurischen Mustern verzierte, für offizielle Empfänge genutzte Maurische Saal des Palácio da Bolsa wurde von Gustavo Adolfo Gonçalves de Sousa entworfen.

Außen schlichter Klassizismus, innen üppiger Prunk – das erwartet Sie nur wenige Schritte weiter im ② **Palácio da Bolsa** (R. Ferreira Borges, Tel. 223 399 913, https://palaciodabolsa.com, 30-minütige Führungen 9.00–18.30 Uhr): Der Bau des Börsenpalastes Mitte des 19. Jh.s durch die Handelskammer sollte die wirtschaftliche Dynamik der Handelsstadt repräsentieren. Sein absolutes Highlight, der **Maurische Saal**, wurde im Jahr 1879 fertig.

Im Jahr 1731 übernahm der Italiener Nicolau Nasoni den Bau eines Hospitals mit Kirche für den Orden Irmandade dos Clérigos Pobres. Der elliptische Grundriss und der auffallend schlanke, 76 m hohe Turm (225 Stufen) machten die ③ **Igreja dos Clérigos** (R. de São Filipe de Nery, Tel. 220 145 489, www.torredosclerigos.pt, 9.00–19.00 Uhr) schnell zum Wahrzeichen Portos. Die Leichtigkeit und Verspieltheit des italienischen Rokoko sind allenthalben zu spüren, der Blick von der Turmspitze ist grandios.

Eine Attraktion ist auch die 1869 gegründete ④ **Livraria Lello** (R. das Carmelitas 144, Tel. 222 002 037, www.livrarialello.pt, 9.00–19.00 Uhr) mit ihrem eleganten, holzgetäfelten Verkaufsraum und dem Jugendstildekor. In den angrenzenden Straßen hat sich eine kreative Kunst- und originelle Kneipenszene etabliert, so in der Rua da Fábrica und Rua de Santa Teresa.

Von der Torre dos Clérigos erkennt man zudem die lange, schmale Schneise der repräsentativen ⑤ **Praça da Liberdade** im Häusermeer. Leicht ansteigend und von den beiden Fahrbahnen der Av. dos Alliados gesäumt, führt sie, sich nach Norden verbreiternd, auf das Rathaus, **Paços do Concelho**, zu. Seine heutige Bebauung mit repräsentativen Hauspalästen erhielt der Platz um die Wende vom 19. zum 20. Jh. Auf dem bronzenen Reiterdenkmal hält König Pedro IV. (1798–1834) die portugiesische Verfassung von 1826 in den Händen.

Die Neugestaltung des Platzes stand in Verbindung mit dem Bahnhof ⑥ **Estação São Bento**, der nach langer Bauzeit 1916 gleich um die Ecke in Dienst genommen wurde. Berühmt ist er wegen des Azulejo-Schmucks seiner Vorhalle, der sich aber erst 1930 in seiner ganzen Pracht präsentierte. Dargestellt sind auf den bemalten Wandkacheln bedeutende Ereignisse der portugiesischen Geschichte sowie verschiedene historische Verkehrsmittel.

Nordöstlich des Bahnhofs beginnt Portos wichtigste Einkaufsstraße, die ⑦ **Rua de Santa Catarina**: Boutiquen und Läden internationaler Filialisten reihen sich hier dicht an dicht. Zwischen Werbebannern und Schaufenstern versteckt sich hinter der verspielten Jugendstilfassade des **Café Majestic** (Nr. 112) ein im Interieur noch orignal erhaltenes Beispiel perfekt konservierter Belle Époque aus dem Jahre 1921.

Der 8 **Mercado do Bolhão** zwischen den Straßen Alexandre Braga und Sá da Bandeira öffnete schon einige Jahre vor dem Majestic, 1914, seine Tore. Mehr als hundert Jahre lang versah die riesige Markthalle mit offenem Patio ihren Dienst als lebhafter Obst-, Gemüse-, Fleisch- und Fischmarkt genauso wie als fotogene Touristenattraktion. Nach mehrjähriger Schließung und Instandsetzung hat er nun doch deutlich steriler wirkend wieder seine Pforten geöffnet (https://mercado bolhao.pt, Mo.–Fr. 8.00–18.00, Sa. bis 19.00 Uhr).

Zurück an der Rua de Santa Catarina strahlen die blau-weißen Azulejobilder der 9 **Capela das Almas** (Rua de Santa Catarina 428, Mo.–Do. 7.30 bis 18.00, Fr. bis 19.00, Sa. 7.30–13.00, 18.30–19.30 Uhr). Die im 18. Jh. errichtete schlichte Granitkapelle wurde etwa um dieselbe Zeit wie der Bahnhof mit den Fliesen verkleidet.

MUSEEN

Das 10 **Museu Nacional de Soares dos Reis** (Rua D. Manuel II, Tel. 223 39 37 70, www.museu soaresdosreis.gov.pt, Di.–So. 10.00–18.00 Uhr) vereint in den historisch originalgetreu wiederhergestellten Räumen des **Palácio dos Carrancas** aus dem 18. Jh. unterschiedliche Sammlungen, darunter Skulpturen von Bildhauern wie António Soares dos Reis (1847–1889), dem Namensgeber des Museums.

Zeitgenössische Kunst in historischem Ambiente zeigt das 11 **Centro de Arte Casa São Roque** (Rua São Roque da Lameira 2092, www.casas roque.art, Mi.–Mo. 12.00–18.00 Uhr) in wechselnden Ausstellungen. Der Garten ist fantastisch!

DER PERFEKTE KLANG

Wie ein Kristall, der auf einer Kante steht – der Entwurf des Büros Rem Koolhaas für die Casa da Música ist spektakulär. Innen sind die Räume mit unterschiedlichen Materialien wie Holz oder Azulejos ausgekleidet, der große Konzertsaal wurde sogar mit Blattgold verkleidet. Doch das eigentlich Sensationelle ist die Akustik, die der weltberühmte japanische Akustiker Yasuhisa Toyota verantwortete. Die sollten Sie erleben! Wenn nicht gerade Superstars auftreten, sind Karten auch kurzfristig zu bekommen.

***Av. da Boavista**, Tel. 220 12 02 20, Führungen Tel. 220 12 02 10, www.casada musica.com, tgl. 9.30–18.00 Uhr*

Der richtige Ort zum Stöbern und Entdecken: die Vintage-Boutique Mon Père.

Im 12 **Museu do Carro Elétrico** (Alameda de Basílio Teles 51, Tel. 226 15 81 85, www.museudo carroelectrico.pt, Di.–So. 10.00–18.00 Uhr) erfahren Sie alles über die historischen Elétricos – die bis heute durch Portos und Lissabons Straßen kurvenden Straßenbahnen.

HOTELS

Die Schauseite des **€€€€ Flores Village Hotel & Spa** (Rua das Flores 139, Tel. 229 76 93 00, www. ocahotels.com) präsentiert eine schöne historische Fassade; dahinter zieht sich das Grundstück bis zur Parallelstraße, mit Garten, modernem Zwischenbau und einem weiteren historischen Haus. Sie wohnen im Herzen der Stadt und abgeschieden zugleich; moderne Zimmer, schickes Spa, tolles Frühstück, grandiose Dachterrasse – da passt wirklich alles.

Das **€€€ Hotel da Música** (Mercado do Bom Sucesso, Largo Ferreira Lapa 21 a 183, Tel. 226 07 60 00, www.hoteldamusica.com) ist Teil der Deli-Markthalle Mercado do Bom Sucesso und das im wahrsten Sinne des Wortes. Folglich hat man alles Leckere direkt vor der Nase, manchmal aber auch in der Nase, wenn die Lüftung das Aroma frisch gegrillter Sardinen ins Hotel trägt.

Die charmante Pension **€€ Fil's Place**(Rua do doutor Barbosa de Castro 36, Tel. 912 01 77 27, nur auf Buchungsportalen) mit wenigen Zimmern ist meist schnell ausgebucht.

Sehr exklusiv, zugleich aber auch familiär gibt sich das bezaubernde **€€€ Rosa et Al Townhouse** (Rua do Rosário 233, Tel. 916 00 00 81, www. rosaetal.com) mit nur sieben schicken, hell eingerichteten Zimmern im Herzen der Galerien-Meile. Ein Mini-Garten lädt zum Entschleunigen, Spa-Treatments verwöhnen und das Restaurant serviert mittags köstlichen Brunch.

RESTAURANTS

Groß, schick und mit einem Küchenkonzept, das das Mediterrane in den Mittelpunkt stellt: Das **€€€ Flow Restaurant & Bar** (Rua da Conceição 63, Tel. 222 05 40 16, www.flowrestaurant.pt) im Ausgehviertel ist sehr angesagt, deshalb reservieren Sie besser.

Das so sympathische wie familiäre **€€€ Em Carne Viva** (Av. da Boavista 868, Tel. 932 35 27 22, www.emcarneviva.pt) ist Portos Vegetarier- und Veganerhimmel auf Erden: Wir empfehlen eines der beiden Degustationsmenüs mit fünf bzw. zehn Gängen. Die ganze Leidenschaft, Improvisationsfreude und Kreativität der Küche ist darin gebündelt. Dazu ein hübscher Garten, eine freundliche Katze und sehr nettes Personal!

Wahrscheinlich ist es relativ egal, welches Fischrestaurant in dieser Straße Sie wählen. Überall steht ein Holzkohlengrill davor, überall brutzeln frische Doraden, Sardinen, Thunfisch und verbreiten verführerischen Duft. **€€€ Dom Peixe** (Rua Heróis de França 241, Tel. 224 92 71 60, http://dompeixe.com) war uns besonders sympathisch, und es hat exzellent geschmeckt.

Obwohl im touristischen Herzen der Stadt gelegen, pflegt **€€ O Buraco** (Rua do Bolhão 95, Tel. 222 00 67 17, auf Facebook) die traditionelle Küche, wie sie die Portuenser lieben. Folglich ist das einfache Restaurant meist bis auf den letzten Platz besetzt. Vor allem mittags kehren auch viele Geschäftsleute ein – dann heißt's anstehen.

Im sympathischen, sehr angesagten **€€ Café Candelabro** (Rua da Conceição 3, www.cafe candelabro.com) mit einem Second-Hand-Buchladen können Sie den Abend sowohl beginnen als auch verbringen oder beenden.

Die angenehm unprätentiöse **€ Cerverajia Gazela** (Tv. Cimo de Vila 4, Tel. 222 05 48 69, https://cervejariagazela.pt) gilt als die Urmutter der Cachorrinhos in Porto. Diese portugiesische Variante des Hot Dogs lässt man sich am besten zu einem frisch gezapften Bier schmecken.

SCHÖNER WOHNEN

Der Palácio do Freixo, ein Palast aus dem 18. Jh. mit fast zehntausend Quadratmeter großen Gärten und Grünanlagen, die eine fantastische Sicht auf den Douro ermöglichen, ist ein von Nicolau Nasoni – dem Architekten der Torre dos Clérigos – errichtetes Nationalmonument und zugleich ein Luxushotel der Leading Hotels of the World. Klassische Moderne im Interieur, höchste Gourmeterlebnisse im Restaurant sowie ein traumhafter Spa- und Poolbereich werden Sie rundum verwöhnen.

***€€€€ Palácio do Freixo**, Estrada Nacional 108, Tel. 229 76 64 50, www.pestanacollection.com*

Marktstand auf dem Mercado Municipal in Matosinhos: alles F(r)isch!

EINKAUFEN

»Vintage & Urban Clothing« gibt's in der hübsch eingerichteten Boutique **Mon Père** (Rua da Conceiçao 80, Tel. 918 48 02 70, auf Facebook und Instagram).

Holz, Kork und Leder sind die Materialien, aus denen Familie Bonifácio in kleinen Manufakturen die tollsten Dinge arbeiten lässt und im **MUD** (Rua Dr. Sousa Viterbo 99, Tel. 939 31 26 38, https://mudstore.pt) verkauft. Sogar Fahrräder!

Die **Chocolataria Equador** (Rua Sá da Bandeira 637, Tel. 222 01 81 67, www.cacaoequador.pt) lockt mit handgeschöpften Schokoladen und Pralinés. Wer hier nicht schwach wird!

Das gilt auch für die **Casa Lourenço** (Rua do Bonjardim 417, Tel. 222 00 64 62, www.casalourenco.com.pt) und ihre Schinken, Würste, Käse und Weine. Dazu eine Atmosphäre wie in einem Tante-Emma-Laden vor 100 Jahren.

RAUS ANS MEER

Die nur 6 km lange Strrecke von Porto-Ribeira in den Vorort (13) **Foz do Douro** können Sie bequem am Fluss entlangspazieren oder mit dem Rad fahren (s. »Ja natürlich«, rechts). Auch die historische Tram Nr. 1 fährt von der Haltestelle Infante bis Passeio Alegre in Foz. Obwohl hier an der Mündung des Douro bereits im 12. Jh. eine von König Alfons I. gestiftete Kapelle stand, begann Foz' Karriere erst mit dem Aufkommen des Badetourismus um die Mitte des 19. Jh.s. Heute hat sich Foz do Douro als Wohngebiet von Künstlern, Intellektuellen und Wohlhabenden etabliert. Bewacht vom Renaissancefort **São João Baptista da Foz** erstrecken sich entlang der Küstenpromenade **Av. do Brasil** herrliche Sandstrände. Als bester Platz für einen Sonnenuntergang empfiehlt sich die **Pérgola da Foz**, ein romantischer Säulengang mit unverstelltem Blick gen Westen.

Der Übergang von Foz do Douro zum benachbarten (14) **Matosinhos** ist kaum wahrnehmbar: Strände, Uferpromenade und Cafés setzen sich ohne Unterbrechung fort. Kultcharakter haben die Fischrestaurants hinter dem Hafen, etwa in der **Rua Heróis do Franca**, wo der frische Fang auf offenen Holzkohlegrills zubereitet wird. Einen Besuch lohnt auch der **Mercado Municipal** (R. França Júnior, www.facebook.com/MercadoMunicipaldeMatosinhos/, Mo. 7.00–14.00, Di.–Fr. 6.30–18.00, Sa. 6.30–16.00, So. u. Fei geschl.).

INFORMATION

Porto Welcome Center,
Praça Almeida Garret 27,
Tel. 938 66 84 62, www.portoenorte.pt,
tgl. 9.00–19.00 Uhr

MIT DEM RAD ZUM STRAND

Portos beste Strände säumen die Uferlinie der Hafenstadt Matosinhos. Dorthin gelangen Sie auch mit der Metro, aber warum den Badetag nicht mit einer entspannten Radtour entlang des Douro verbinden?

Der Fahrradverleih »Biclas & Triclas« liegt in der Ribeira direkt am Douro, also aufsitzen und losradeln! Teils direkt am Fluss entlang, teils durch schmale Parallelgassen, unter dem Ponte da Arrábida hindurch und dann durchgängig auf einem Fahrradweg geht's nach Westen, vorbei am putzigen Maregrafo, einem Jugendstilkiosk als Tidenmesser. Hier gibt es einen hübschen Punkt für eine erste Pause mit Blick auf das Dorf Afourada gegenüber und die Angler, die stoisch ihre Ruten auswerfen. Dann sind Sie auch schon in Foz do Douro (Km 3), wo der Leuchtturm Farol de Felgueiras auf der Mole den Atlantikbrechern trotzt.

Entlang der von Cafés gesäumten Avenida do Brasil geht es nach Norden. Das Meer säumen die hübsche Praia do Molhe und die in den 1930er-Jahren errichtete romantische Sonnenuntergangs-Esplanade Pérgola da Foz. Am Kreisverkehr der Praça de Gonçalves Zarco schützt das kleine Castelo do Queijo (17. Jh.) die Küste.

Den Hafenbereich von Matosinhos umfahren Sie auf ruhigen Nebenstraßen wie der »Fressmeile« Rua Hérois de França, überqueren auf einer Fußgängerbrücke den Rio Leça und folgen weiter der Uferlinie bis zur Praia da Boa Nova (Km 8). Sie ist gut vor Nordwinden geschützt und bietet beste Bademöglichkeiten. Wenn Sie keine Lust haben, auf gleichem Weg zurück zu radeln, nehmen sie die Metro – Fahrradmitnahme ist erlaubt.

Gesamtlänge: 8 km in eine Richtung, flach und fast durchgängig auf Fahrradwegen.

Fahrradverleih: Biclas & Triclas, Rua Nova da Alfândega 66, Tel. 220 99 61 30, https://tricla.pt, City-Bike 15 €/Tag

Vale do Douro & Vale do Côa

ÜBER DEN FLUSS UND IN DIE TÄLER

Über dem Dourotal liegt ein besonderer Zauber: Der schlängelnde Fluss, die steilen Rebhänge, rätselhafte Felsbilder, nostalgische Bahnhöfe und luxuriöse Weinhotels schaffen ein Ensemble, das alle Sinne anregt. Ganz gleich, ob Sie es per Bahn, Schiff oder Auto bereisen, es wird Sie begeistern.

Zur Casa de Mateus mit ihren auffällig hohen Kaminen gehört ein schöner Barockgarten. Das Bild der Casa ziert auch die Etiketten der bauchigen Flaschen des Mateus Rosé.

Frühstück mit Blick auf den Douro: Die Vila Galé Douro Vineyards bieten Kost und Logis mit selbst produzierten Weinen.

Mit prüfendem Blick: die Önologin Marta Lourenço von der Kellerei Raposeira in Lamego.

Was für eine Landschaft! An den Weinbergen des Dourotals stehen die Terrassen mit ihrer grün gepflanzten Rebenlast in Reih und Glied. Von hier folgt der Blick den Mäandern des Flusses, hin zu dramatischen Abbrüchen, an denen sich meist einer jener Aussichtspunkte befindet, die Portugiesen »Miradouro« nennen. Von dort wirkt es so, als schauten wir auf die Welt vor dem letzten Schöpfungstag, noch ohne den zerstörerischen Menschen.

São Salvador do Mundo bei São João da Pesueira ist so ein magischer Ort, auch São Leonardo de Galafura, das den Karten nach unweit von Peso da Régua liegen sollte, tatsächlich aber nur über eine weit nach Norden ausholende Straße zu erreichen ist. Wir nehmen die Abkürzung am Fluss entlang, dachten wir, als wir ihn das erste Mal suchten, und folgten dem Sträßchen von Régua nach Osten bis Covelinhas. Da war es schon ganz schön eng, aber das war noch nichts im Vergleich zu dem, was danach in steilen Serpentinen durch Weinland bergauf kletternd noch kam. Fürs Umkehren war es zu spät, und wir merkten, dass dieses auf den ersten Blick so sanft und zivilisiert wirkende Dourotal ganz schön wilde Seiten besitzt. Der Miradouro war natürlich grandios.

TAUSENDER HÄNDE ARBEIT

So grün sah es im Dourotal übrigens nicht aus, als die Geschichte des Weins begann. Schiefer und Granit säumten den Fluss, kaum Bewuchs war darauf, bis die ersten Bauern erkannten, was der Herrgott ihnen da vor die Nase gestellt hatte: Steile Hänge, auf die die Sonne gnadenlos brannte und deren Gestein ihre Hitze speicherte, sodass die Pflanzen zweifach in ihrer Wärme badeten, tagsüber und nachts. Bestimmten Trauben, besonders jenen, aus denen Portwein entsteht, bekommt das besonders gut, doch um sie pflanzen zu können, musste das Terrain geebnet werden. Von Hand gruben Generationen von Bauern und Landarbeitern Terrassen in die Hügel und verwandelten das harsche Tal im Lauf der Jahrhunderte in eine Oase. Wie hart diese Arbeit war und wie zäh der Prozess, das Dourotal fruchtbar zu machen, erzählt anschaulich das Douromuseum in Peso da Régua.

Es berichtet auch, wie aus dem kaum bearbeiteten und bebauten Dourotal eine der ältesten Weinanbauregionen mit kontrollierter Herkunftsbezeichnung wurde: Der Siegeszug des Portweins begann

Oben und unten links: Hinauf zur Nossa Senhora dos Remédios, einer Wallfahrtskirche in Lamego, sind 686 Stufen zu bewältigen.

Unten rechts: in der Kapelle São Pedro de Balsemão.

DURCHS DOUROTAL

Wer gerne Bahn fährt, sollte sich die Fahrt durchs Dourotal nicht entgehen lassen.

Bevor sich die portugiesische Regierung 1872 für den Bau einer Eisenbahnlinie entlang des Douro entschied, gelangten landwirtschaftliche Produkte nur per Boot an die Küste – eine riskante Sache angesichts der vielen Stromschnellen. Im Jahr 1879 erreichten die Schienen von Porto das Städtchen Peso da Régua, ein Jahr später Pinhão und 1887 Pocinho, wo die Linie heute endet.

Diese Bahnstrecke ist ein touristischer Leckerbissen. Ab und an in Tunnels verschwindend, rattert der Zug direkt vorbei an Quintas, eingerahmt von Weinhängen. Für Nostalgiker besonders reizvoll ist die Tour mit den historischen, von Dampfloks gezogenen Waggons, die zwischen Juni und Oktober mehrmals die Woche in Régua starten.

Fahrpläne und Infos: www.cp.pt

angeblich in einem Kloster in Lamego, hatte aber auch viel mit der Gemengelage zu tun, in die die europäischen Nationen verwickelt waren. Vor allem der Konflikt zwischen England und Frankreich beschäftigte Weinbauern und Weintrinker im 18. Jahrhundert immer wieder: Gab es Krieg, waren die Engländer wegen des Handelsboykotts vom heißgeliebten Bordeaux-Wein (dem Claret) abgeschnitten. In ihrer Not schwärmten englische Händler aus und kamen auch ins Dourotal, in dem die Bauern damals nur wenig und außerdem mittelmäßigen Wein kelterten. In den Klöstern versetzte man ihn deshalb mit geschmacklosem Branntwein, stoppte damit vorzeitig den Gärungsprozess und erhielt so die Süße des Mosts. Diesen gespriteten Wein schenkte ein Mönch Anfang des 18. Jahrhunderts in Lamego seinen englischen Besuchern aus, so die Legende, und um die war's geschehen.

EIN MARQUÊS GREIFT DURCH

So viel, wie England haben wollte, konnte das Dourotal nicht liefern, also begannen die Portugiesen zu pantschen: Man nahm mindere Weine, fügte Holunderbeeren für die Farbe und Piment für den feurigen Geschmack hinzu, wie Weinpapst Hugh Johnson zu berichten weiß – und ruinierte damit das Geschäft. Der Erste Minister des Königs und spätere Marquês de Pombal steuerte dagegen und rief 1756 die Região Demarcada do Douro ins Leben. Damit war der Portweinhandel reglementiert und staatlich kontrolliert.

Blick vom Miradouro São Leonardo de Galafura: Wie eine blaue Schlange windet sich der Douro hier spektakulär durch die Berge.

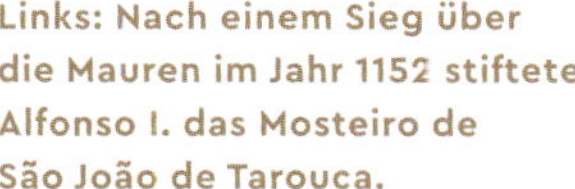

Links: Nach einem Sieg über die Mauren im Jahr 1152 stiftete Alfonso I. das Mosteiro de São João de Tarouca.

Unten: Der spektakulär gestaltete Staudamm bei Tua ist ein Werk des portugiesischen Meisterarchitekten Souto de Moura.

Oben: Spannend präsentiert wird die Geschichte der Weinregion im Museu do Douro in Peso da Régua.

Links: Das Restaurant Castas e Pratos, ebenfalls in Peso da Régua, residiert in einer ehemaligen Bahnwerkstatt.

Ebenso luxuriös wie intim (mit nur 13 Zimmern) ist das hoch über dem Rio Corgo, einem Seitenarm des Dourotals, gelegene Designhotel Quinta do Vallado. Hier werden auch hervorragende Weine und Ports produziert.

Faia Brava ist ein privates Naturreservat im Vale do Côa, das von engagierten Naturschützern und Biologen gekauft wurde, um das Land – aber auch die hier zu findenden altsteinzeitlichen Felsbilder – zu schützen.

»STEILE WEINBERGE, HISTORISCHE QUINTAS UND DAS TIEFBLAUE BAND DES DOURO KENNZEICHNEN DIESE REIZVOLLE KULTURLANDSCHAFT.«

Zur Casa de Mateus bei Villa Real gehört ein barock angelegter Park mit ornamentalen Rabatten.

Die bis zu 20 000 Jahre alten Felsbilder im Vale do Côa sind nachts, im Schein der Taschenlampe, am besten zu erkennen. Ihre genaue Bedeutung gibt den Forschern noch viele Rätsel auf.

Die Trauben für Vinho do Porto durften fürderhin nur auf einem mit 335 Granitstelen klar abgegrenzten Gebiet im Dourotal und dort ausschließlich auf Schieferböden wachsen – einige dieser Stelen findet man noch heute an den Grenzen des Alto Douro. Zudem legte Pombal genau fest, wie lange der Wein zu lagern war, bevor er auf Schiffen zu den Feitorias in Gaia gelangte. Die Pantscher ließ Pombal zur Abschreckung im Weinberg hängen.

UNTERWEGS MIT INDIANA JONES

Am östlichen Eingang des Dourotals – dort, wo der Fluss aus Spanien kommend die Hochebene der Iberischen Meseta durchquert und schließlich die Wasser des Rio Côa aufnimmt, hoch oben an einem modernen Museumskubus über dem Zusammenfluss, beginnt unser Abenteuer Archäologie. Dr. António Batarda lenkt den klapprigen Landrover lässig einen steinigen Pfad hinunter. Der Archäologe des Côa-Museums bringt uns zu den Felsbildern an der Canada do Inferno, einer von 80 Fundstellen im Côa-Tal. Vom Parkplatz am Hochufer geht's zu Fuß weiter, durch Buschwerk hinunter an den Fluss. António, ganz cool mit Bart und Schlapphut, wirkt wie ein portugiesischer Indiana Jones, wie er da durchs Gestrüpp stapft und die wichtigsten Fakten referiert: Zu Beginn der 1990er-Jahre entdeckten Batardas Kollegen die bis zu 20 000 Jahre alten Felsbilder aus der Altsteinzeit und hielten sie zunächst geheim. Erst als ein geplanter Staudamm das Tal zu fluten drohte, gingen sie an die Öffentlichkeit. Seit 1998 hält die UNESCO ihre schützende Hand über das Weltkulturerbe.

Die interessantesten Weingüter

GENUSS FÜR AUGEN UND GAUMEN

Portugiesen lieben moderne Architektur, das gilt auch für die sonst eher konservativen Weinbauern zwischen Douro und Minho. Was Stararchitekten da in den letzten Jahren zwischen Reben auf Granit- und Schieferböden hinstellten, hat nicht mehr viel mit traditionellen Quintas zu tun: puristisch, das Terroir in Architektur übersetzend, den Rhythmus der Landschaft aufnehmend, faszinierend. Machen Sie sich ein Bild, denn das Auge trinkt mit!

DIE FARBPALETTE DER JAHRESZEITEN

Harmonisch fügt sich die Quinta do Portal hoch über dem Tal von Pinhão im Alto Douro nicht ein: Die schmuck- und fensterlosen Mauern in Ocker- und Brauntönen scheinen im gleichmäßigen Auf und Ab der Reben eher ein Fremdkörper zu sein. Erst bei näherer Betrachtung erschließt sich die Vision des Pritzker-Architekturpreisträgers Álvaro Siza Vieira: In den Farben spiegeln sich jahreszeitliche Töne der Natur; die mit Schiefer und Kork verkleideten Wände repräsentieren das Terroir und dessen hervorragende Weine.

Quinta do Portal, EN 323 Celeirós, Sabrosa, Tel. 925779499, https://quintadoportal.com, Führungen in engl. Sprache tgl. 10.30, 15.30, 16.30 Uhr

SANDEMANS »DON« IM WEINBERG

Futuristisch wirkt auch die Quinta do Seixo hoch über dem Südufer des Douro zwischen Peso da Régua und Pinhão: Das seit dem 18. Jh. bestehende Weingut, dessen Markenzeichen, den Zorro verblüffend ähnlichen Don, wohl die meisten Portweintrinker kennen, schmückt sich mit einem eleganten, flachen Schieferbau. Dieser nimmt optisch den Takt der Weinterrassen auf und schmiegt sich wie eine Natursteintreppe in den Weinberg. Bei der Verkostung fällt der Blick auf den Fluss hinab und die Rebhänge gegenüber.

Quinta do Seixo, Valença do Douro, Tabuaço, Tel. 254732800, https://winetourism.sogrape.com, März–Okt. 10.30–18.30, sonst bis 17.30 Uhr

3

ALT UND NEU IN HARMONIE

Seit 1716 klettern die Weinterrassen der Quinta do Vallado an den steilen Hängen über dem Corgo unweit von Peso da Régua empor; im 18./19. Jh. entstand in mehreren Etappen das honiggelbe Herrenhaus mit weitem Blick über das Flusstal. Ihm gesellten die Nachkommen den aus grauem Schiefer erbauten, hypermodernen Weinkeller des Architekten Francisco Vieira de Campos hinzu. Kann das gutgehen? Und wie! Besucher erleben architektonisch und bei der Verkostung der Weine, wie Gewachsenes bewahrt und in eine mutige Zukunft geführt wird.

Quinta do Vallado, Vilarinho dos Freires, Peso da Régua, Tel. 254 32 31 47, www.quintadovallado.com, nach Voranmeldung

EINE REISE IN DIE GESCHICHTE DES DOURO

Auch dieses mit vielen Preisen bedachte Weingut reicht bis zum Beginn des 18. Jh.s zurück und ist als eines der wenigen stolzer Besitzer einer jener Granitstelen, mit denen Marquês de Pombal die geografische Abgrenzung des Alto Douro markieren ließ. Das weiße Herrenhaus mit seiner tiefen Veranda, die ebenfalls strahlend weißen Wirtschaftsgebäude mit den dunklen Graniteinfassungen an Fenstern und Türen, die windschiefen Kamine auf roten Ziegeldächern – all das atmet förmlich Geschichte. Doch der spektakuläre Infinity-Pool des Stararchitekten Eduardo Souto de Moura mit Blick auf den Douro holt Sie in die Gegenwart zurück!

Quinta do Crasto, Gouvinhas, Sabrosa, Tel. 254 92 00 20, www.quintadocrasto.pt, nach Voranmeldung

DIE RICHTIGE REBE

Gleich beim Betreten des Weinguts ist der verspielte Geist von Pedro Araújo allgegenwärtig. Es sprießt, blüht, wuchert, Schmetterlinge tanzen, Bienen summen, ein märchenhaftes Paradies im Tal des Lima, in dem der Winzer seit Jahren geduldig auf eine einzige Traube setzt: Loureiro. Aus ihr keltert Pedro einen der besten Vinhos Verdes Portugals, in Bio-Qualität mit feiner Mineralität, dezenter Frucht und erstaunlichem Reifepotenzial. Im üppigen Garten der Quinta ducken sich historische und moderne Gästehäuschen zwischen Blauregenkaskaden, es gibt einen hübschen Pool.

Quinta do Ameal, Refóios do Lima, Ponte do Lima, Tel. 916 90 70 16, www.esporao.com, Verkostung nach Voranmeldung

HOTEL MIT WEINBERG

Im Dourotal öffnet an jedem Hang eine Quinta ihre Tore für Übernachtungsgäste. Im Minho, der nach dem gleichnamigen Fluss benannten Provinz, waren solche Angebote dagegen Mangelware, bis die Quinta da Lixa, ein renommierter Vinho-Verde-Produzent in der Nähe von Amarante, das Monverde Hotel ins Leben rief. Die kubische Architektur in Holz, Granit und olivgrünen Tönen ist ungewöhnlich, passt aber zur Umgebung. Auch das Konzept, den Wein motivisch bis ins Gästezimmer vordringen zu lassen – durch das Dekor, durch große Fensterfronten, aber auch durch verschiedene Verkostungsangebote – passt wunderbar.

Monverde Hotel, Quinta de Sanguinhedo, Castanheiro Redondo, Telões, Tel. 255 14 31 00 www.monverde.pt

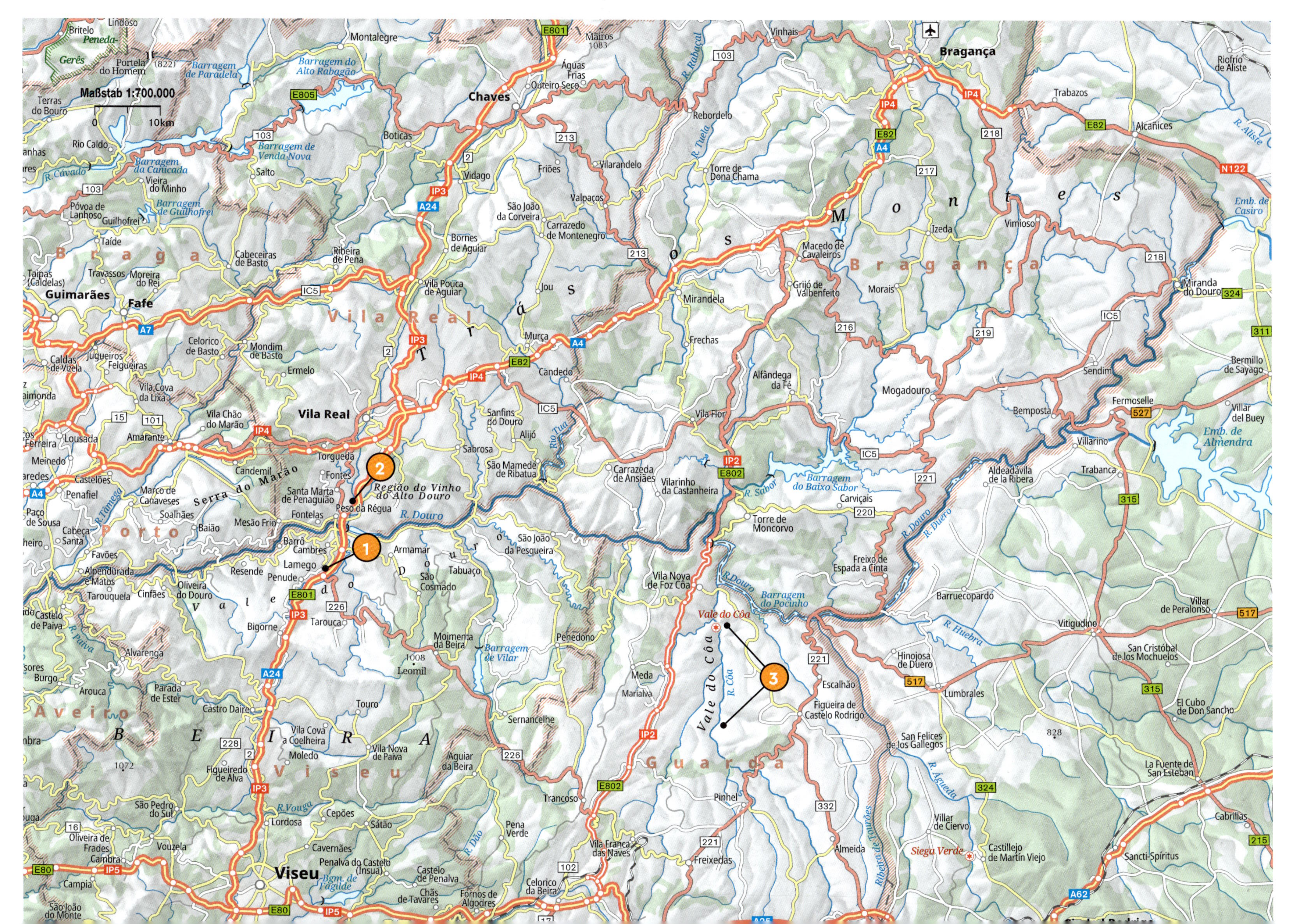

Maßstab 1:700.000
0
10km
Bragança
Chaves
Vila Real
Guimarães
Fafe
Viseu
Montalegre
Mirandela
Macedo de Cavaleiros
Mogadouro
Miranda do Douro
Vimioso
Alcañices
Trabazos
Vinhais
Rebordelo
Valpaços
Murça
Alijó
Sabrosa
Peso da Régua
Lamego
Armamar
Tabuaço
São João da Pesqueira
Moimenta da Beira
Penedono
Meda
Vila Nova de Foz Côa
Vale do Côa
Torre de Moncorvo
Freixo de Espada à Cinta
Figueira de Castelo Rodrigo
Escalhão
Pinhel
Trancoso
Sernancelhe
Vila Flor
Carrazeda de Ansiães
Alfândega da Fé
Vitigudino
Lumbrales
Hinojosa de Duero
Siega Verde
Castillejo de Martín Viejo
Amarante
Baião
Resende
Cinfães
Castro Daire
Região do Vinho do Alto Douro
Serra do Marão
R. Douro
R. Sabor
R. Côa
Barragem do Baixo Sabor
Barragem do Pocinho
Barragem de Vilar
Emb. de Almendra
Bragança
Vila Real
Viseu
Guarda
Porto
Braga
Aveiro
M o n t e s
T r á s   o s
B E I R A
1
2
3

FEINER WEIN UND DAS ERBE DER WELT

Zwischen Peso da Régua und Vila Nova de Foz Côa rücken die Weinberge im Dourotal so nah an den Fluss heran, dass nur die Eisenbahn oder ein Schiff seinem Lauf folgen kann. Als Autofahrer schlagen Sie hier große Bögen nach Norden und Süden. Dabei entdecken Sie Aussichtspunkte und Quintas im Hinterland – und landen doch immer wieder am Fluss.

1 LAMEGO

In der südlich des **Vale do Douro TOPZIEL** gelegenen Bischofsstadt (24 000 Ew.) begann angeblich die internationale Karriere des Portweins. Mitte des 17. Jh.s soll ein Ordensmann zwei durchreisenden Engländern ein Gläschen »gespriteten« Wein angeboten haben, der die beiden begeisterte. Doch Lamego ist auch stolz auf ein länger zurückliegendes Ereignis: 1143 krönten die portugiesischen Stände hier **Afonso Henriques (Alfons I.)** zum ersten König Portucalias.

SEHENSWERT

Im 12. Jh. ließ der König eine erste Kathedrale (Sé) errichten, von der noch der wuchtige rechteckige Turm erhalten blieb. Die heutige Sé stammt aus dem 15./16. Jh. und hat ein schönes dreigeteiltes Portal mit spätgotischen Steinmetzarbeiten. Innen überdeckt Renaissanceschmuck den älteren Baukörper, vor allem die Arkaden des Kreuzgangs sind von luftiger Eleganz.

Der **Santuário de Nossa Senhora dos Remédios** (Winter 8.30–18.30, Sommer bis 19.00 Uhr) am südwestlichen Ortsrand, ist schon von Weitem zu sehen. Die barocke Treppenanlage führt mit 14 Kreuzwegkapellen und 686 Stufen zur eleganten Wallfahrtskirche auf dem **Monte Santo Estevão** hinauf. Von 1750 bis 1905 dauerten die Bauarbeiten an der jetzigen Anlage, deren zwischen Barock und Rokoko zu verortender Stil an Verspieltheit kaum zu überbieten ist. Brunnen, Statuen, Säulen und Kapellen prunken an der mit Azulejos geschmückten Treppe mit Dekorfreude. Die Kirche selbst wirkt trotz ihrer Talha-Dourada-Altäre erstaunlich schlicht. Wenn Sie nicht Treppensteigen möchten, besteht die Möglichkeit, mit dem städtischen Bus (oder mit dem Auto) hinaufzufahren.

Vergoldete Holzschnitzereien: Talha-Dourada-Pracht im Mosteiro de São João de Tarouca.

Auch die außergewöhnlich schöne Weinregion im Vale do Douro gehört – wie die prähistorischen Felsritzungen im Vale do Côa – als bedeutende Kulturlandschaft zum Welterbe der UNESCO.

UMGEBUNG

Um zur **Capela de São Pedro de Balsemão** (Rua Cardoso Avelino, tagsüber geöffnet), dem angeblich ältesten Gotteshaus des Landes, zu gelangen, müssen Sie der schmalen Straße am **Rio Balsemão** entlang etwa 3 km nach Nordosten folgen. Im 6./7. Jh. von Westgoten erbaut, sind im später barockisierten Innenraum noch die charakteristischen Hufeisenbögen und Kapitelle erhalten. Außerdem sehenswert: Die Skulptur der **Nossa Senhora do Ó** (14. Jh.), eine seltene Darstellung der schwangeren Maria, und der gotische Sarkophag des Bischofs Alfonso Pires.

Das **Mosteiro de São João de Tarouca** (Museum Di.–So. 10.00–13.00, 14.00–18.00 Uhr) 17 km südlich gründete Afonso Henriques nach einem bedeutenden Sieg Mitte des 12. Jh.s über die Mauren. Die Zisterzienserabtei erhielt im 16. Jh. ihr monumentales Dormitorium, dessen Ruine neben den Fundamenten zweier Kreuzgänge und der dreischiffigen romanischen Kirche die einzigen Zeugen der einst mächtigen Klosteranlage sind. Zu besichtigen gibt es die Kirche (mit Azulejos und Talha-Dourada-Altar) sowie ein kleines Museum mit einem interessanten Modell des Klosters; sehr eindrucksvoll ist die Lage in einem Seitental des Flusses Varela.

HOTEL/RESTAURANT

Das sympathische B&B **€€€ Muralha Charme House** (Rua de Almacave 84 A, Lamego, Tel. 932 19 10 07, www.muralhacharmhouse.com) in einem historischen Haus ist eine angenehme Übernachtungsoption im Stadtzentrum.

Ein engagiertes Gastgeberpaar führt hoch über Lamego das Herrenhaus **€€ Casa da Real Companhia** (Rua Tomé Pires, Urbanização de São Gens, Tel. 938 52 48 28, www.casadarealcompanhia.com) mit schickem Restaurant und hübschen Gästezimmern. Kulinarische Traditionen werden zeitgemäß interpretiert.

INFORMATION

Loja Interativa de Turismo,
Rua Regimento de Infantaria 9, Tel. 254 09 90 00, www.cm-lamego.pt

Flusskreuzfahrtschiffe in Peso da Régua.

2 PESO DA RÉGUA

Eine Schönheit ist der Hauptort (14 500 Ew.) der Weinregion Douro eher nicht. Viel Verkehr fließt über die beiden Brücken über den Fluss; Historisches hat sich nur am Bahnhof und im Zentrum erhalten. Doch als Ausgangspunkt für Touren ins Dourotal eignet sich Régua, wie es meist nur kurz genannt wird, ideal.

MUSEUM

Ende des 18. Jhs. von der Companhia Geral da Agricultura das Vinhas do Alto Douro als Verwaltungssitz und Gerichtsort alle Weinfragen betreffend errichtet, zeigt das **Museu do Douro** (R. do Marquês de Pombal, Tel. 254 31 01 90, www.museudodouro.pt, März–Okt., 10.00–18.00, sonst bis 17.30 Uhr) heute eine anregend konzipierte Ausstellung rund um das Thema Wein. Die Geschichte, die Besonderheiten des Anbaus, Verarbeitung und Qualitäten sind gut dokumentiert.

EIN HIMMEL VOLLER WÜRSTE

Den kleinen Laden kann man leicht übersehen, aber die Nase weist doch den Weg, denn aus dem fumeiro Talho Qualifer duftet es unverschämt verführerisch nach Geräuchertem. Die Qualität der selbst geräucherten Schinken und Würste ist im ganzen Dourotal legendär. Ob Sie nur der kleine Hunger plagt, Sie ein Picknick in den Weinbergen planen oder Ihren Liebsten etwas mitbringen möchten – in Fernando Rebelos Laden werden Sie garantiert fündig! Übrigens, auch das Brot wird selbst gebacken!

***Talho Qualifer**, Rua António Manuel Saraiva 45 A, Pinhão*
Tel. 254 73 21 56

HOTELS

In der historischen **€€€€ Quinta do Vallado** (Vilarinho dos Freires, Peso da Régua, Tel. 254 31 80 81, www.quintadovallado.com) wohnen die Gäste im nostalgischen Haupthaus oder im modernen Trakt mit eleganten Zimmern und Suiten. Es gibt auch ein exzellentes Feinschmeckerrestaurant.

Das Agroturismo **€€€ Vila Galé Douro Vineyards** (Quinta do Val Moreira, Marmelal, Sto Adrião, Tel. 254 24 70 00, www.vilagale.com) besteht aus einer historischen Quinta und einem modernen Anbau in aussichtsreicher Lage inmitten der Weinberge oberhalb des Douro und des Rio Tedo. Für einen angenehmen Aufenthalt sorgen die moderne Ausstattung, das feine Restaurant Inevitável und der gute Service in bewährter Vila Galé-Qualität.

Leise ist es im **€€ Original Douro Hotel** (R. dos Camilos 115, Peso da Régua, Tel. 254 00 11 81, https://originaldourohotel.com) bestimmt nicht, aber dafür haben Sie Restaurants und Unterhaltung quasi vor der Hoteltüre.

RESTAURANTS

Am schicken **€€€ Castas e Pratos** (R. José Vasques Osório, Peso da Régua, Tel. 254 32 32 90, www.castasepratos.com) in einem Seitenflügel des Bahnhofs führt kein Weg vorbei, wenn Sie eine modern interpretierte Küche mögen. Neben Vor- und Hauptspeisen stehen auch verschiedenste Tapas auf der Speisekarte.

Klein, gemütlich, originell – die **€€ Taberna do Jéréré** (Rua Marquês do Pombal 59, Tel. 254 0 70 34 61, auf Facebook) überzeugt mit Ambiente und kreativer Küche.

Das **€€€ Rabelo** (Rua A. M. Saraiva 4, Tel. 254 73 02 30, www.vintagehousehotel.com) im Hotel Vintage House profitiert von der Lage am Douro und einem kreativen Küchenchef, der portugiesische Klassiker wie Lamm mit Mais, Pilzen und Thymian ganz neu definiert. Passend zur Umgebung gibt's eine exzellente Weinauswahl.

EINKAUFEN

In Réguas 200 m langer Bahnhofs-Lagerhalle logieren neben Restaurants auch Vertretungen von Wein-Quintas aus dem Dourotal. Hier wird verkostet, verglichen und eingekauft.

ERLEBEN

Von Régua aus können Sie das Dourotal sowohl mit der Bahn als auch mit dem Schiff erkunden. Flusskreuzfahrten, teils kombiniert mit der Bahn, organisiert u. a. Cruzeiros Douro (www.cruzeiros-douro.pt).

UMGEBUNG

Östlich von Régua, wo sich das Flusstal des Douro verengt, beginnen die wichtigsten Anbaugebiete für den Dourowein, aus dem heute längst nicht mehr nur Portwein hervorgeht. Das **Alto Douro Vinhateiro**, das 2001 zum Weltkulturerbe der UNESCO erklärt wurde, ist eine der ältesten Weinbauregionen mit geschützter Herkunftsbezeichnung. Charakteristisch sind die steilen, terrassierten Hänge, deren Neigung eines der vielen Qualitätskriterien für die Beurteilung der Weine darstellt.

Auch am Talho Qualifer (s. Tipp, links) in **Pinhão**, 28 km am Douro entlang gen Osten gelegen, führt kein Weg vorbei. Der Ort selbst wäre ein touristisch unbedeutendes Marktstädtchen, hätte er nicht den mit blau-weißen Azulejos geschmückten historischen Bahnhof. Die **Linha do Douro**, die Eisenbahnstrecke entlang des Douro (ursprünglich bis nach Spanien, heute nur noch bis Pocinho), wurde 1889 fertiggestellt und wird regelmäßig von Regionalzügen ab Porto befahren.

Bei **Tua**, 27 Straßen- aber nur 13 Flusskilometer weiter, sind die Berge links und rechts so steil, dass die Straße in einem Bogen herumgeführt werden musste. An der Mündung des Tua in den Douro reguliert ein **Staudamm** den Wasserstand und liefert zugleich Elektrizität. Stararchitekt **Souto de Moura** gestaltete diesen monströsen Eingriff in die Natur des Tua-Tals so geschickt, dass Damm und Kraftwerk nun als Attraktion gelten. Das **Centro Interpretativo do Vale do Tua** im Bahnhof erläutert Bau und Funktionsweise des Kraftwerks und den Naturraum Dourotal (Carrazeda de Ansiães, Tel. 278 09 88 84, Mi.–So. 12.00–18.00 Uhr).

Knapp 25 km von Régua nach Nordwesten sind es zur **Casa de Mateus** (Tel. 259 32 31 21, www.casademateus.pt, Di.–Fr. 9.00–18.00, Sa., So. bis 18.30 Uhr Uhr) unweit von **Vila Real**. Die 1743 nach Plänen des italienischen Barockarchitekten Nicolau Nasoni errichtete Anlage mag vielen bekannt vorkommen: Ihr Bild prangt auf den Etiketten des Mateus Rosé, eines Supermarktweins, der ansonsten mit dem Palast und den hier produzierten edlen Tropfen nichts gemein hat. Herrenhaus, Wirtschaftsgebäude, der wunderschöne Park und die üppig ausgestattete Hauskapelle können gegen Eintritt besichtigt werden. Durch die mit kostbarem Mobiliar und Geschirr ausgestatteten Räume werden Führungen angeboten.

INFORMATION

Loja Interativa de Turismo,
Av. do Douro,
Tel. 254 31 81 52,
www.cm-pesoregua.pt

Das Museum des Archäologischen Parks dokumentiert die Funde der Region.

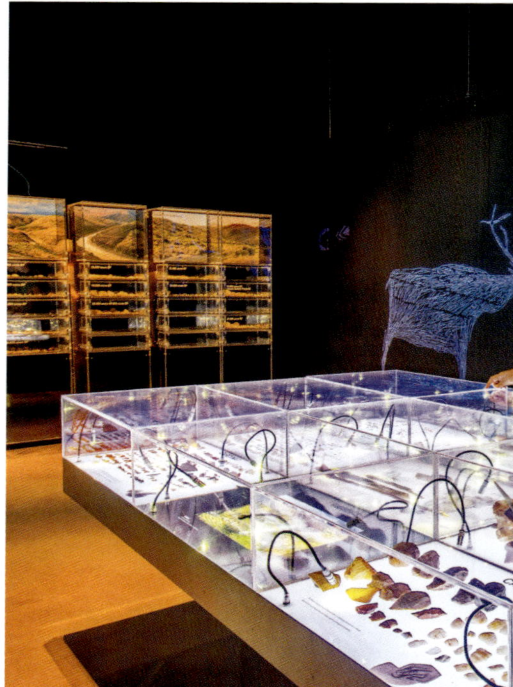

Die Quinta do Vallado, unweit von Régua über dem Rio Corgo gelegen, zählt zu den besten Weinproduzenten im Tal.

VALE DO CÔA

Noch ein UNESCO-Weltkulturerbe: Der **Parque Arqueológico do Valle do Côa TOPZIEL**, ein Nebenfluss des Douro, birgt Felsbilder, die altsteinzeitliche Bewohner vor bis zu 20 000 Jahren auf Felsplatten eingeritzt und aufgemalt haben.

MUSEUM

Im – über dem Zusammenfluss von Douro und Côa gelegenen – **Museum** (Rua do Museu, Vila Nova de Foz Côa, Tel. 279 76 82 60, https://arte-coa.pt, Mai–Sept. 9.00–18.00, sonst bis 17.30 Uhr Uhr) können Sie sich einstimmen; anschaulich und spannend erklärt es Alter und Bedeutung der Felsgalerie. Planen Sie auch eine Exkursion ins Tal (mehrmals tgl., Anmeldung erforderlich) mit ein. Die rund zweistündige Tour (stabiles Schuhwerk, Wasser und Sonnenschutz nicht vergessen) per Jeep, Solarboot oder zu Fuß macht die Bedeutung der Funde erst richtig verständlich.

HOTEL/RESTAURANT

Wenn schon, denn schon: Die moderne **€€€€ Casa do Rio Wine Hotel** (Quinta do Orgal, Vila Nova de Foz Côa, Castelo Melhor, Tel. 279 76 43 40, www.quintadovallado.com) in den Weinbergen über dem Douro unweit der Côa-Mündung hat nur 8 Zi., aber alle mit Traumblick und höchstem Komfort. Weinproben, Mittag- und Abendessen werden auf Vorbestellung organisiert.

Das **€€ Ta-se Bem** (Praça do Tablado 28, Vila Nova de Foz Côa, Tel. 912 77 65 03) ist das ideale Lokal für den rustikalen Mittagstisch nach der Felsbildtour. Spezialität ist die auch als »Monster-Sandwich« bezeichnete Francesinha.

MIT DEM KAJAK IN DIE STEINZEIT

Kajakfahren macht ja an sich schon Spaß, erst recht in einer so dramatischen Landschaft wie der des Côa-Tals. In Verbindung mit steinzeitlichen Felsbildern wird's zum Abenteuer.

Und das beginnt erstmal ganz unabenteuerlich im Foyer des Museums des Archäologischen Parks (s. links), wo sich die Kanuten-Gruppe morgens um 9.00 Uhr trifft, um begleitet vom Guide zum Ausgangspunkt Canada do Inferno aufzubrechen. Nach Verteilung der Schwimmwesten, einer kurzen Einführung ins Paddeln und einem Blick auf die hier in Stein geritzten Felsbilder eines zweiköpfigen Pferdes und einer Ziege geht's dann in Zweierkajaks eine Stunde auf dem ruhig dahinströmenden Fluss bis zur Ribeira de Piscos, der nächsten Felsbildstätte. Augen auf beim Paddeln, vielleicht sehen Sie einen Schwarzstorch oder einen Habichtsadler kreisen!

Auf den Felswänden entdecken Sie dann übereinander geritzte Pferde in seltsam verdrehten Haltungen – so fingen die altsteinzeitlichen Menschen Bewegung darstellerisch ein. Zwei Paddelstunden später ist bei Fariseu, einer weiteren Fundstätte, Baden und Lunch angesagt. Nun hat die Gruppe Muße, sich auch die Hintergründe – die Entstehung und die nicht minder spannende Entdeckungsgeschichte der Felsbilder erklären zu lassen, die erst in den 1990er-Jahren die Aufmerksamkeit der Archäologen erregten. Gegen 14.00 Uhr geht's zurück zum Ausgangspunkt. Nach insgesamt sechs Stunden haben Sie Spaß gehabt im Kajak, viele Felsbilder gesehen und sich in der Einsamkeit des Tals vielleicht selbst etwas gefühlt wie ein Steinzeitmensch.

Touren täglich, wenn mindestens 6 Teilnehmer angemeldet sind, Anmeldung über visitas@arte-coa.pt

Anfahrt zu Canada do Inferno mit dem eigenen Fahrzeug

Dauer 6 Stunden, Imbiss und Lunch sind im Preis von 42 €/Person inbegriffen

A-2602-AL
RICARDO SERGIO

Zwischen Coimbra & Porto

*

FLUSSLAGUNEN, STERNENBERGE

*

Zwischen der weiten, lichtdurchfluteten Atlantikküste und den höchsten Gipfeln der Serra da Estrela erzählen historische Städte und archaische Dörfer Geschichte und Geschichten: von den Siegen über die Mauren, vom Gold der Kolonien, von unglücklich Liebenden und von der Wiedergeburt traditionellen Handwerks in modernem Design.

Auf dem Canal Central in Aveiro: Barcos Moliceiros heißen die traditionellen Tangfischerboote mit ihren flachen Böden ohne Kiel und dem hohen, wie ein Schwanenhals gebogenen Bug.

Fischer im Hafen von Aveiro.

Typisch: die gestreiften Häuser von Costa Nova.

Humberto Teixeira von »Natur Travel« stellt sein Mountainbike am Kai von Murtosa ab und klettert gemächlich aufs Boot. Hektik ist ein Fremdwort für den bedächtigen Portugiesen, der Touristen durch die Ria von Aveiro führt – per Boot, per Bike oder zu Fuß. In der von Gezeitenwechseln geformten Lagune an der Mündung des Rio Vouga in den Atlantik kennt er jeden Winkel.

»Barco Moliceiros« heißen die traditionellen Boote der Fischer von Aveiro. Mit ihnen segelten sie hinaus und holten aus der Lagune Tang als Dünger für die Felder und Fisch für die Restaurants. Doch irgendwann lohnte sich das Tangsammeln nicht mehr, bedauert Humberto, viel zu aufwendig war es. Das Ende hatte weitreichende Folgen: Der zügellos wachsende Tang veränderte die Wasserqualität in der Ria und entzog anderen Arten den Lebensraum. Aale, früher einmal wichtige Proteinlieferanten, sind fast verschwunden. Und so mussten die Fischer umsatteln. Die Boote – inzwischen mit Motoren ausgerüstet – schiffen heute Touristen auf den Kanälen Aveiros hin und her sowie über die Lagune.

KOMPLEXES ÖKOSYSTEM

Die Bugwelle schäumt, ein lauer Wind weht vom Atlantik und kräuselt das Wasser der Ria, durchsichtiges Licht liegt über Inseln und Wasserarmen, die Grenzen verschwimmen. An der Barra angekommen, der »Barriere« wie die Haff-Anwohner den Durchgang zum Atlantik nennen, holt Humberto zu einem kleinen Geschichtsexkurs aus: Von dieser Öffnung nämlich hängen Wohl und Wehe Aveiros ab: Im Jahr 1575 verschloss ein Sturm die Durchfahrt, was den wirtschaftlichen Niedergang der Ria und Aveiros zur Folge hatte – die Schiffe konnten den Hafen nicht mehr erreichen. Zweihundertdreißig Jahre lang litt

»DIE BUGWELLE SCHÄUMT, EIN LAUER WIND WEHT VOM ATLANTIK UND KRÄUSELT DAS WASSER DER RIA.«

die alte Hafenstadt unter dem Exodus ihrer Bewohner in die portugiesischen Kolonien, bis zu Beginn des 19. Jahrhunderts ein weiterer Sturm und ein künstlicher Kanal den Verschluss öffneten. Die Folgen lassen sich an Aveiros Bevölkerungsentwicklung ablesen: Lebten im 16. Jahrhundert noch 12000 Menschen in der Stadt, waren es Ende des 18. Jahrhunderts nur noch 3500 und Mitte des 19. Jahrhunderts, als der Hafen wieder boomte, 11000.

Aber nun hat Humberto einen großen Schwarm weißer Flamingos ausgemacht, die im niedrigen Was-

In der Ria de Aveiro werden auch Austern gezüchtet.

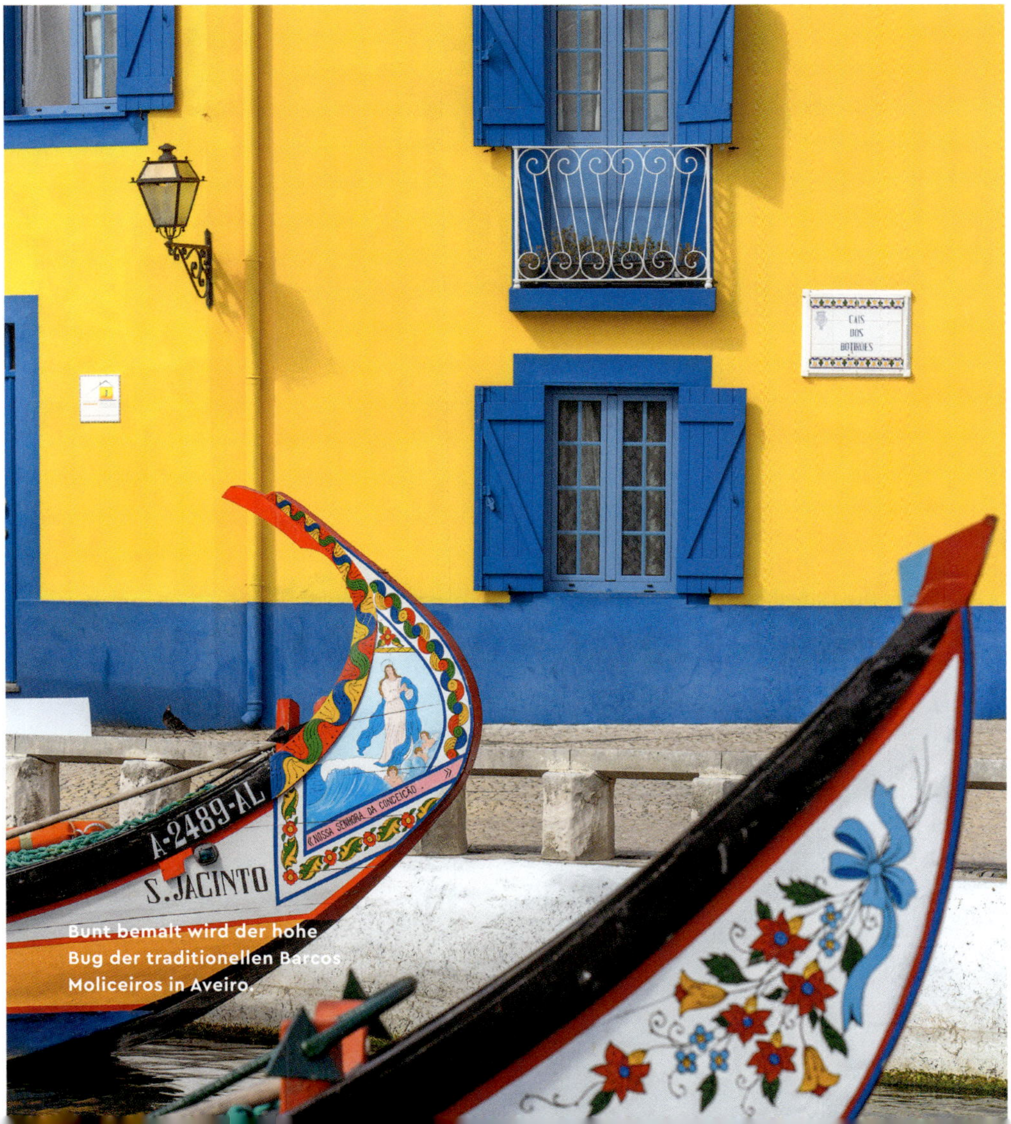

Bunt bemalt wird der hohe Bug der traditionellen Barcos Moliceiros in Aveiro.

In Ílhavo, am südlichen Rand der Ria de Aveiro, erhebt sich der mit 62 Metern höchste Leuchtturm Portugals.

ser gründeln. Ihre rosa Farbe verdanken Flamingos bestimmten Kleinkrebsen, erklärt er, die finden sie hier nicht. Also bleibt ihr Gefieder weiß. Über 300 Vogelarten leben im Haff, darunter auch Störche, Eisvögel, Purpurreiher und Zwergadler. Humberto ist ein begeisterter »Birder«. Wenn er Vögel sieht, gibt es für ihn kein Halten mehr.

DAS GELD DER EMIGRANTEN

Den mit Azulejos geschmückten Eingangsbereich des Museu de Arte Nova in Aveiro zieren keine Flamingos, obwohl der elegante Vogel ja geradezu symbolisch für den Jugendstil steht. Stattdessen nutzte der Architekt das Motiv des Adlers, als er in den Jahren 1907 bis 1909 ein repräsentatives Wohnhaus für den Kakao-Importeur Mário Belmonte Pessoa errichtete. Pessoa steht beispielhaft für den Aufschwung Aveiros und dessen begüterter Kaufmannschaft um die Wende zum 20. Jahrhundert. Seine Vorfahren waren nach São Tomé e Príncipe ausgewandert; er kehrte wohlhabend in die nun wieder florierende Hafenstadt zurück, um von hier seine Geschäfte weiter zu betreiben. Ähnlich taten es Emigranten aus anderen Kolonien. Ihrem Geld ist der Arte-Nova-Boom in Aveiro zu danken. Pessoas Haus stand lange leer und verfiel, bis die Stadt es erwarb und für

Mit diesen historischen Schiffen im Museu Maritímo de Ílhavo wurde früher Kabeljau gefangen.

Aquário dos Bacalhaus im Museu Maritímo de Ílhavo: In eingesalzener Form (Bacalhau) werden die Fische konserviert.

Zu Besuch auf dem historischen Fabrikgelände der Porzellanmanufaktur Vista Alegre in Ílhavo.

1,5 Mio. Euro restaurieren ließ. 2012 eröffnete es als Museu de Arte Nova mit einer bezaubernden Teestube, der Casa de chá. Leider ist das charmante Teehaus inzwischen wieder geschlossen.

NACHTS AUF DEN TREPPEN DER SÉ

In der Universitätsstadt Coimbra am Mondego wimmelt es von Fledermäusen: Zumindest erinnern die Studenten in ihren schwarzen Capes, den »capas«, an die tagscheuen Tiere. Wenn sie sich nachts im Mai zur Serenata Monumental an der alten Kathedrale im Herzen der Altstadt versammeln, die Capa verwegen über die Schulter werfen und einen Fado anstimmen, wecken sie mit ihrer Inbrunst wohl noch den letzten Untoten in seinem steinernen Sarkophag. Der nächtliche Fado der Studenten bildet den Auftakt zur einwöchigen Queima das Fitas, die sich von einem Fest der einzelnen Fakultäten längst zu einem der wichtigsten Events in Coimbra gemausert hat, bei dem die ganze Stadt auf den Beinen ist.

Der Fado von Coimbra unterscheidet sich von dem in Lissabon, denn hier singen ihn fast ausschließlich Studenten. Nicht ausgeschlossen, dass so ein studentischer »Fadista« zum Fado-Superstar aufsteigt – der Medizinstudent Luís Goes war einer derjenigen, die das geschafft haben. Grundsätzlich ist Coimbras Fado ein Gesang männlicher Studiosi. Auch im »Fado ao Centro«, der Fado-Bar unweit der Sé, in der täglich um 18.00 Uhr Fadista auftreten, werden nur Studenten oder Ehemalige der Universität von Coimbra verpflichtet. Wie lange sich das die weiblichen Kommilitoninnen noch gefallen lassen, sei dahingestellt. Bei der Serenata Monumental haben sie bereits das Recht zum Mitsingen erkämpft.

»DER NÄCHTLICHE FADO DER STUDENTEN BILDET DEN AUFTAKT ZUR EINWÖCHIGEN QUEIMA DAS FITAS.«

DIE FLEDERMAUS IM BÜCHERSCHRANK

Mit 60 000 Bänden aus der Zeit zwischen dem 16. und dem 18. Jahrhundert, viele davon von unschätzbarem Wert, gilt die Biblioteca Joanina, der historische Bereich der Universitätsbibliothek von Coimbra, als einer der bedeutendsten Büchertempel Europas. Im 18. Jahrhundert erbaut, vereint sie Prunk und Ästhetik des Barock mit den Anforderungen einer »Studierstube«.

Waren die Studenten denn nicht abgelenkt von Trompe d'Oeuil-Gemälden, vergoldetem Schnitzwerk und Bücherschränken aus exotischen Hölzern, die

Wo der Ponte de Santa Clara den Mondego-Fluss überquert, öffnet sich der beste Blick auf die gestaffelten Dächer der die Anhöhe hinaufkletternden Altstadt von Coimbra.

Links: Die Rua Ferreira Borges ist eine beliebte Fußgängerzone in Coimbra.

Unten: Auf dem Universitätsplatz von Coimbra steht eine Statue von König João III.

Oben: Die am höchsten Punkt der Stadt errichtete Universität von Coimbra ist die älteste des Landes und eine der ältesten in Europa.

Links: Auch in Coimbras Altstadt ziert Street-Art viele Fassaden.

Studenten mit der Capa auf dem Weg zur Messe, um ihre Arbeiten segnen zu lassen.

In den mit Blattgold verzierten Regalen der Biblioteca Joanina stehen rund 60 000 Bücher.

sich in drei Sälen und jeweils in zwei Etagen vor ihnen auftürmten? Oder doch eher von den verzweifelten Rufen ihrer Kommilitonen, die im Verließ unter der Bibliothek eingekerkert wurden, weil sie universitäre Regeln übertreten hatten?

JAGENDE FLEDERMÄUSE

Heute haben außer Besuchern bei den Führungen nur noch wenige Zutritt zu den geheiligten Hallen, um die Bücher nicht zu gefährden. Ein modernes Klimasystem hält Feuchtigkeit und Temperatur konstant. Was Technik allerdings nicht vermag, ist die Bekämpfung papierfressender Insekten. Jeden Abend decken Mitarbeiter die Büchertische mit Ledertüchern ab, um sie zu schützen. Sobald es dunkel ist, kommen Insektenjäger aus ihren Verstecken und tun ihr gutes Werk (mindestens schon seit dem 19. Jahrhundert): Wenn es an einem späten, regnerischen Nachmittag in der Bibliothek schon dämmerig ist, können Sie die zirpenden Rufe der Fledermäuse vielleicht hören!

UNGLÜCKLICHE LIEBEN

Coimbras Universität ist die älteste Hochschule des Landes. Ihr Gründer, König Dom Dinis (Dionysius, 1261–1325), wird für die weise Entscheidung, Coimbra eine Alma Mater zu schenken, sehr verehrt. Seine Gattin Isabel aber litt heftig unter dem liebestollen und notorisch untreuen Gatten. Kaum war der König tot, flüchtete sie ins Kloster Santa Clara-a-Velha, dessen Ruinen sich malerisch am Ufer des Mondego drapieren. Dort lebte sie fürderhin tugend-

DIE REPÚBLICAS VON COIMBRA

Hausgemeinschaften bilden einen charakteristischen Bestandteil des studentischen Lebens in Coimbra.

Ihre Geschichte begann mit einem Dekret des Königs Dom Dinis (Dionysius), der anordnete, man solle Häuser für die Studenten seiner Universität errichten. Der Name »República« taucht erstmals im 19. Jahrhundert auf: Die Hausgemeinschaft versteht sich als res publica, als Gemeinwesen. Politisch stehen die meisten eher links; sie spielten auch bei den Studentenprotesten gegen den Estado Novo in den 1960er-Jahren eine tragende Rolle.

República bezeichnet noch heute eine Gemeinschaft von sechs bis zwölf Studenten, die ein Haus bewohnen, gemeinsam speisen, alle Kosten aufteilen und die nach außen ein gewählter »Präsident« vertritt. Die Universität verpflichtet sich in ihren Statuten, die Repúblicas als Teil der akademischen Kultur finanziell zu unterstützen, tut dies aber nach Meinung des República-Rates, der die rund 50 Hausgemeinschaften vertritt, nur unzureichend.

Auch in Coimbra wird die musikalische Tradition der »Sehnsucht nach Noten« gepflegt.

Kontemplation: im Kreuzgang der Kathedrale (Sé) von Coimbra.

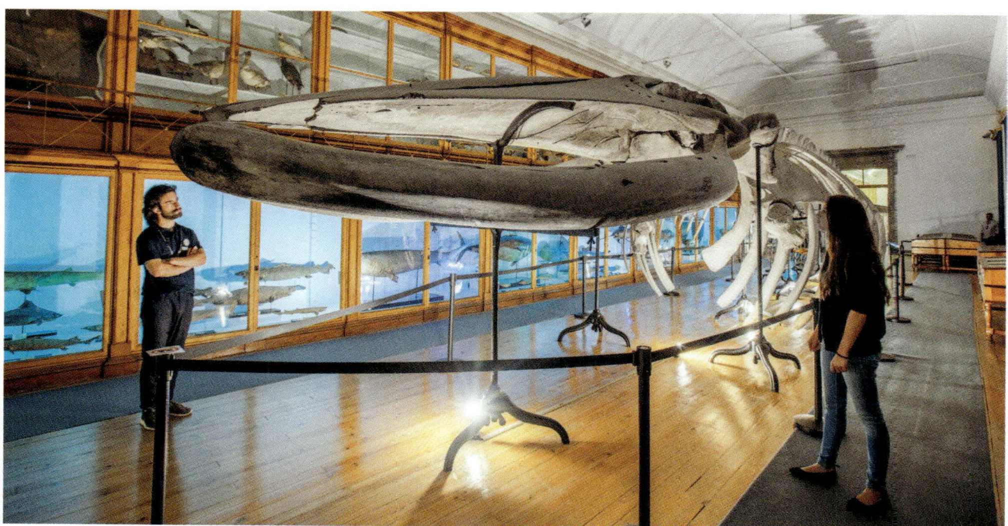

Information: im Museu da Ciência, dem Wissenschaftsmuseum der Universität von Coimbra.

Als ideale Vorbereitung für einen Besuch der römischen Ausgrabungsstätte von Conímbriga (unten) empfiehlt sich ein Besuch des interaktiven Museu PO.RO.S in Condeixa (rechts).

»SIND SIE NOCH HIER, DIE UNGLÜCKLICH LIEBENDEN INÊS UND PEDRO? MAN WERFE EINEN STEIN IN DEN TRÄNENBRUNNEN, DAMIT IHRE SEELEN FRIEDEN FINDEN.«

Die Besichtigung des Museu PO.RO.S beginnt mit einem »Gang durch einen Zeittunnel« in die römische Zeit.

Durch die Kronen uralter Pinien und Eichen tasten sich vereinzelte Sonnenstrahlen: Der Park der Quinta das Lágrimas ist ein mystischer Ort.

haft und erwirkte sogar ein Wunder, sodass der Vatikan sie als Elisabeth von Portugal heiligsprach.

Der Ort, an dem sie Frieden fand, geriet einer anderen Dame zum Verhängnis: Thronfolger Pedro, ein Enkel von Dom Dinis und Isabel, heiratete gegen den Willen seines Vaters Afonso IV. die schöne Hofdame Inês de Castro, die er schon lange liebte. Zehn Jahre lang lebte das Paar im ehemaligen Palast von Königin Isabel, da klagte Afonso Inês des Hochverrats an. Als Pedro 1355 auf der Jagd war, nutzte der König die Gelegenheit und ließ Inês meucheln – und zwar dort, wo sich heute am linken Mondegoufer der Park und das Luxushotel Quinta das Lagrimas (»Landsitz der Tränen«) befinden. An der Fonte das Lagrimas, dem Tränenbrunnen, hauchte Inês ihr junges Leben aus. Sohn Pedro verzweifelte, musste sich aber dem Willen seines Vaters fügen.

SCHAFE, WOLLE UND WRACKS

Von Stürmen zerzauste Wälder, mit Farn und Wacholder bestandene Schafweiden, unheimlich erodierte Granitblöcke, ein wie mit dem Lineal gezogenes Gletschertal, abgelegene Bergdörfer und rund 200 000 Schafe prägen das Gesicht der Serra da Estrela, des höchsten Gebirges des portugiesischen Festlandes. Sagen kreisen um diese Landschaft wie die Geschichte von den Schiffswracks, die mit den Gezeiten des (100 Kilometer Luftlinie entfernten)

Viseu: Blick von der Kathedrale zur Igreja da Misericórdia an der Westseite der Praça da Sé.

Guarda: »Kalt, reich und schön«, heißt es, ist Portugals höchstgelegene Stadt (1056 m) mit ihrer imposanten Kathedrale.

Atlantiks in den Seen der Serra an die Oberfläche geschwemmt werden. Auch Herman Melville erzählte in »Moby Dick« von einem See in Portugal, in dem Schiffe trieben. Doch der Alltag der Menschen in dieser Gebirgswildnis war von anderen Prioritäten geprägt. Sie züchteten Schafe und stellten einen fantastischen Queijo da Serra her; viele machen das noch heute. Die Schafwolle verarbeiteten die Frauen zu einer Art Filz, den sie »Burel« nannten und aus dem sie Wind und Wetter trotzende Capes nähten.

HIPSTER IM ANMARSCH

Im 19. und 20. Jahrhundert war Burel die Arbeitsplatzgarantie in der Serra. Im nahen Covilhas und im Gebirge selbst in Manteigas liefen die Web- und Filzmaschinen in den Textilfabriken auf Hochtouren und spuckten Riesenballen von Burel aus. Dann kam die Konkurrenz aus Asien, die Wirtschaftskrise, der Jobverlust – die Serra versank in Depression. Bis sich zwei kreative Lissaboner Hipster in die traditionellen Webtechniken und das Material verliebten und eine alte Textilfabrik samt Inventar in Manteigas erwarben. Aus dem groben Burel der Schafshirten entwickelten sie feinen Filz, die Erdfarben wichen einem poppig bunten Potpourri, die funktionalen Schnitte schickem Design. Sie ließen Tischsets, Sitzkissen, ja sogar Filztapeten anfertigen, nannten die Firma Burel, eröffneten einen Laden in Lissabon und später auch in Porto. Burel-Filz und traumhaft schöne Wolldecken sind inzwischen eine stolze Marke in Portugal. Und sie werden immer noch auf teils über hundertjährigen Maschinen in Manteigas produziert.

STREET-ART-FESTIVAL WOOL

Auf den alten Mauern der Stadt blüht neue Kunst. Das ist Pedro und Lara Seixo Rodrigues sowie Elisabet Carceller zu verdanken.

Die drei Street-Art-affinen Studenten waren sich sicher, dass diese urbane Kunst auch im heimischen Covilhã Akzeptanz finden würde. Im Jahr 2011 gingen sie mit dem Festival WOOL an den Start: Der Name nimmt Bezug auf Covilhãs traditionelles Handelsprodukt, die Wolle, und klingt ausgesprochen so ähnlich wie »wall«, das englische Wort für Mauer. Eingeladene Street-Art-Künstler realisieren auf den tristen Fassaden ihre Ideen zum Thema Wolle (Abb. Mário Belém vor seinem Werk). Das Projekt ist erfolgreich – Covilhã wird immer bunter. Workshops und Diskussionsrunden begleiten die jährlichen Aktionen. Covilhãs Street-Art ist inzwischen ein wichtiger Tourismusfaktor. Die Stadt gibt sogar einen eigenen Stadtplan dazu heraus.

www.facebook.com/woolfest

Viseu: Blick in den eindrucksvollen monumentalen Innenraum der Kathedrale.

Wanderung zum idyllischen Bergdorf Foz de Égua nordöstlich von Piódão.

Rund um die »Pedra do Sino« (Glockenfelsen) gruppieren sich die Gräber einer Nekropole (1.–7. Jahrhundert).

Aldeias Históricas

DIE (FAST) VERGESSENEN DÖRFER

Wohnt hier jemand?«, fragen wir uns in fast jedem Ort, in dem wir auf unserer Tour zu den »Aldeias Históricas« anhalten. Für Besucher sind diese »historischen Dörfer« eine spannende Sache: Malerisch gelegen, Mittelalter live. Aber: Hier leben?

Oben: Im 12. Jahrhundert errichtet wurde die Burg von Marialva (Mêda). Unten: Die Hauptkirche (Igreja Matriz) von Piódãos strahlt ganz in Weiß.

Niedrige Häuser ducken sich zwischen gigantische, von Wind und Wetter geschliffene Granitbrocken an steilem Hang. Schmale Gassen führen durch das Dorf, die Wände sind grob wie das Pflaster, Türen und Fensterläden zeigen sich frisch lackiert, eine gedrungene Kirche, ein verwitterter Schandpfahl, auf der Anhöhe Mauerreste einer Burg. Größere Orte besitzen eine Touristeninformation, einen Shop mit regionalen Produkten sowie eine Tasca, ein rustikales Lokal. Für Touristen ist in den zwölf Aldeias Históricas gut gesorgt, Bewohner sieht man eher selten.

HEIMKEHR NACH CASTELO RODRIGO

Helena Sousa und João Paulo entschieden sich im Jahr 2000 für eine Zukunft in Castelo Rodrigo, wo sie das Cantinho Café von Helenas Eltern übernahmen. Helena ist in Castel Rodrigo aufgewachsen, gelebt haben die beiden in einer Touristenhochburg an der Algarve, bevor sie beschlossen, in das abgelegene Dorf zu ziehen. Ähnlich wie sie machten sich auch viele andere Jungunternehmer Hoffnungen, dass die Vereinigung »Aldeias Históricas« mit Geldern der portugiesischen Regierung und des Europäischen Entwicklungsfonds die fast ausgestorbenen Dörfer wiederbeleben könnten.

BESCHLEUNIGTER EXODUS

In etwas mehr als 20 Jahren flossen 60 Millionen Euro in die entsprechenden Projekte, seit 2019 sind die Dörfer sogar mit WLAN ausgestattet. Und doch wirken die meisten Aldeias Históricas irgendwie leer. So kam die Kultursoziologin Paula Reis 2017 in ihrer Doktorarbeit zu dem Schluss, dass der Anteil junger Menschen in den Aldeias zwischen den Jahren 2001 und 2011 um 3,7 Prozent gefallen, jener der Alten aber um 2,2 Prozent gestiegen war. Noch alarmierender ist der beschleunigte Exodus: Sortelha und Piódão meldeten einen Bevölkerungsrückgang von 23 bzw. 20 Prozent, in den anderen Orten war er nur unwesentlich geringer. Die teuren Programme haben offenbar ihren Zweck nicht erfüllt.

EINE MARKE SETZT SICH DURCH

Der Tourismus aber boomt, und Neu- bzw. Alt-Bürger wie Helena und João leben einigermaßen gut davon. Auch in Sortelhas Restaurant »Dom Sancho« ist mittags kaum ein Platz zu bekommen, die authentische Küche von Maria do Céu hat sich herumgesprochen. Von Jahr zu Jahr verzeichnen die Aldeias Históricas mehr Besucher, die in den Restaurants absteigen, sich in Mercearias mit lokalen Produkten eindecken oder in ländlichen Pensionen oder B&B übernachten, die wie Pilze aus dem Boden schießen. Als Marke haben die »Aldeias Históricas« die Neugier für einen fast vergessenen Landstrich geweckt. Immerhin.

Dicht an dicht stehen die Häuser in Piódão auf einer Anhöhe der Serra.

Sisyphos – hier in einer weiblichen Form – in den Gassen von Monsanto.

FAKTEN & INFORMATIONEN

Zur Vereinigung der Aldeias Históricas zählen Almeida, Belmonte, Castelo Mendo, Castelo Novo, Castelo Rodrigo, Idanha-a-Velha, Linhares da Beira, Marialva, Monsanto, Piódão, Trancoso und Sortelha. Sie stellen sich auf der gemeinsamen Internetplattform https://aldeiashistoricasde portugal.com vor.

Maßstab 1:700.000
0
10km
PORTO
Vila Nova de Gaia
Gondomar
Oliveira do Douro
Espinho
Ovar
Aveiro
Ílhavo
Águeda
Viseu
Guarda
Covilhã
COIMBRA
Universidade
Ruínas de Conímbriga
Figueira da Foz
Pombal
Lamego
Tarouca
Castro Daire
São João da Madeira
Vale de Cambra
Oliveira de Azeméis
Albergaria-a-Velha
Mealhada
Cantanhede
Tondela
Nelas
Mangualde
Celorico da Beira
Trancoso
Pinhel
Vila Nova de Foz Côa
Vale do Côa
Seia
Gouveia
Fundão
Belmonte
Sabugal
Lousã
Penacova
Arganil
Tábua
Santa Comba Dão
Mortágua
Luso
Parque Nacional do Buçaco
Costa de Prata
Praia de Torreira
Praia de Cortegaça
Ria de Aveiro
Rio Vouga
R. Mondego
R. Douro
R. Dão
R. Alva
R. Ceira
R. Zêzere
R. Paiva
Serra do Caramulo
Serra da Estrela
Serra de Açor
Serra da Gardunha
BEIRA
Aveiro
Viseu
Guarda
Coimbra
Castelo Branco
Porto
Vale do Douro
Barragem da Aguieira
Barragem do Sabugal
Barragem da Meimoa
Barragem do Pocinho
Cabeça Alta 1287
1
2
3
4

VOM ATLANTIK INS HOCHGEBIRGE

Die Region zwischen der Lagunenstadt Aveiro und den Fast-Zweitausendern der Serra da Estrela zählt zu den vielfältigsten Landschaften Portugals. Im Westen lockt sie mit Atlantikstränden und Jugendstil, im Osten mit bizarren Granitgipfeln und archaischen Dörfern. Dazwischen strahlt die Universitätsstadt Coimbra mit ihrer historischen Alma Mater.

1 AVEIRO

Aveiro TOPZIEL (ca. 80 000 Ew.), im Herzen des weit verzweigten, artenreichen Haffs Ria de Aveiro gelegen, ist eine ebenso faszinierende wie eigenwillige Stadt. Seien Sie gespannt auf die buntesten Blüten des Jugendstils, auf sakrale Kostbarkeiten und auf frischen Fisch!

Florale Motive, geschwungene Linien: Jugendstilfassade am Largo do Rossio in Aveiro.

SEHENSWERT

Beginnen Sie die Stadttour am Südufer des **Canal Central** gegenüber von Aveiros berühmtester Häuserzeile entlang der **Rua de Dr. Barbosa de Magalhães**. Eine Jugendstilfassade stiehlt der anderen die Schau, im Kanal davor dümpeln bunte Barcos Moliceiros als fotogener Vordergrund. Die flachen Fischerboote fahren heute nur noch Touristen spazieren. Die **Arte Nova** – »Neue Kunst«, wie die vielen Spielarten des Jugendstils in Portugal heißen – erlebte in Aveiro zu Anfang des 20. Jh.s einen wahren Boom. Die Gassen nördlich des Canal Grande führen zur **Praça do Peixe** mit der schmiedeeisernen Mini-Fischhalle aus dem Jahr 1910.

MUSEEN

In den Räumen eines ehemaligen Dominikanerinnenklosters zeigt das **Museu de Aveiro** (Av. Santa Joana, Tel. 234 42 32 97, Di.–So. 10.00 bis 12.30, 13.30–18.00 Uhr) vor allem barocke Kunstwerke aus Kirchen und Klöstern der Umgebung. Das überdekorierte Grab der hl. Isabel, Tochter König Afonsos V., ist ein Wallfahrtsort.

Ein Kontrastprogramm erleben Sie im **Museu de Arte Nova** (R. Dr. Barbosa de Magalhães 10, Tel. 243 40 63 00, www.cm-aveiro.pt, Di. bis So. 10.00–12.30, 13.30–18.00 Uhr). Das Haus selbst mit seiner verspielten Jugendstilfassade steht für sich; dazu gesellen sich Exponate, die die Entwicklung der Arte Nova in Portugal beleuchten.

HOTELS

Das topmoderne, sehr komfortable **€€€€ Montebelo Vista Alegre** (Lugar da Ílhavo, Tel. 234 24 16 30, https://montebelohotels.com) mit Pool und Spa liegt unweit der Porzellanfabrik.

Vom zentral gelegenen **€€€ Aveiro Palace** (R. de Viana do Castelo 4, Tel. 234 42 18 85, www.hotelaveiropalace.com) aus können Sie Aveiro zu Fuß erkunden. Moderne Einrichtung und ein sehr aufmerksamer Service sind weitere Pluspunkte.

RESTAURANTS

Längst hat es sich herumgesprochen, dass es im **€€€ Maré Cheia** (R. de José Rabumba 8, Tel. 234 38 40 30, auf Facebook) frischesten Fisch und leckere Meeresfrüchte gibt. Daher gilt es rechtzeitig vorher zu reservieren!

Petiscos, die portugiesische Variante der Tapas, sind Spezialität der hübsch am Kanal gelegenen **€€ Tasca do Sal** (Cais dos Mercanteis 15, Tel. 234 09 62 67, www.facebook.com/Tascadosal/).

UMGEBUNG

Wie Aveiro ist auch der heute weitgehend versandete ehemalige Fischereihafen **Ílhavo** (40 000 Ew., 5 km südlich) eine Jugendstilstadt. Prachtvolle Beispiele der Arte Nova, so die Vila Africana, sind hier zu bewundern. Im modernen Museu Marítimo de Ílhavo (Av. Dr. Rocha Madahil 193, Tel. 234329990, https://museumaritimo.cm-ilhavo.pt, Di.–Sa. 10.00–13.00, 14.00–18.00, So. 14.00 bis 18.00 Uhr) dreht sich alles um Schifffahrt und Fischerei, vor allem um den begehrten Kabeljau.

Die historischen Produktionsstätten der 1824 gegründeten Porzellanfabrik **Vista Alegre** (Tel. 234 32 06 28, https://vistaalegre.com, Mai–Sept. 10.00–19.30, sonst bis 19.00 Uhr) am südwestlichen Ortsrand bilden eine Stadt im Kleinen mit Herrenhaus und Katen für die Beschäftigten. Das

IMMER AM HANG ENTLANG

Die Landschaft ist toll, tief eingeschnitten der Rio Pavia, dicht bewachsen die steilen Hänge. Doch die eigentliche Attraktion sind die Holzstege durch dieses Idyll. Auf 8 km mäandern die **Passadiços do Paiva TOPZIEL** *teils am Wasser entlang, teils die Hänge hinauf und hinunter zwischen den Dörfern Espiunca und Areinho (Gemeinde Arouca). Ein weiterer Höhepunkt ist die 516 m lange, transparente Hängebrücke über den Fluss in 170 m Höhe (Schwindelfreiheit erforderlich, eigenes Ticket »516 Arouca« nötig). Am Anfang und Ende des Wanderwegs erfrischen Fluss-Strandbäder.*

***Passadiços do Paiva**, Eingänge in Espiunca und Areinho/Arouca, http://passadicosdopaiva.pt, http://516arouca.pt, Mai–Sept. 8.00–20.00, April, Okt. 9.00–19.00, Nov.–März 8.00 bis 17.00 Uhr, letzter Einlass 3 Std. früher, möglichst online buchen!*

Fadolokal Quebra o Galho (Rua do Quebra Costas 12, www.quebragalho.pt) in Coimbra.

Museum erzählt die Geschichte des Unternehmens und zeigt kostbare Ausstellungsstücke.

Costa Nova 12 km westlich besitzt einen beliebten Strand und noch beliebtere Fotomotive. Die bunt gestreiften Häuschen, ursprünglich Geräteschuppen der Fischer, werden heute an Feriengäste vermietet.

INFORMATION
Turismo Centro de Portugal, Rua João Mendonça 8, Tel. 234 42 07 60, https://turismodocentro.pt

COIMBRA

Steil bergauf geht's in der traditionsreichen Metropole (134 000 Ew.) von den Promenaden am Rio Mondego zum Tempel der Wissenschaft, der historischen Universität. Die Altstadt zwischen den beiden Polen kann ihr maurisches Erbe nicht verleugnen.

SEHENSWERT
Manuelinische Architektur in Vollendung schmückt die Fassade der **Igreja de Santa Cruz** (Praça 8 de Maio, Mo.–Sa. 9.30–16.30, So. 13.00–17.00 Uhr). Kirche und Kloster stammen aus dem 12. Jh. und erhielten im 15./16. Jh. ihr mit nautischen Symbolen spielendes Dekor. Auch der ebenso geschmückte Kreuzgang **Claustro do Silêncio** ist fantastisch.

Ein Stück weiter mäandert hinter den Stadttoren **Porta de Barbacã** und **Porta de Almedina** das mittelalterliche Gassen- und Treppengewirr der Altstadt bergauf zur **Kathedrale** (Largo da Sé Velha, Mo.–Fr. 10.00–17.30, Sa. bis 18.00, So. 11.00– 17.30 Uhr). Afonso I. legte im 12. Jh. den Grundstein; später wurde der wehrhafte Bau gotisiert, und so präsentiert er sich noch heute mit gotischem Kreuzgang, an dessen Kapitellen Fabeltiere und Dämonen ihr Unwesen treiben.

Eine weitere Steigung, und Sie sind auf dem **Universitätsplateau** angekommen. 1290 gründete König Dom Dinis I. (Dionysius) die **Universidade Velha Patio das Escólas**, Tel. 239 24 27 44, https://visit.uc.pt/en/info, März–Okt. 9.00–19.30, Winter 9.00–13.00, 14.00–17.00 Uhr) hoch über der Altstadt. Im 16./17. Jh. wurde sie erweitert und zählt heute als elegant-barockes Ensemble mit grandioser Fernsicht zu einer der wichtigsten Attraktionen Coimbras. Einen Höhepunkt bildet der Besuch der in den Jahren 1717 bis 1723 erbauten **Biblioteca Joanina TOPZIEL**.

Südlich des Mondego liegt der Park der **Quinta das Lagrimas** (Rua Vilarinho Raposo, Di.–So., Mitte März–Mitte Okt. 10.00–19.00, sonst bis 17.00 Uhr), an dem eine große Liebe ihr grausames Ende fand: Königssohn Pedro und die Hofdame Inês de Castro heirateten 1345 gegen den Willen Afonsos IV., worauf dieser Inês hier am Brunnen **Fonte das Lagrimas**, meucheln ließ.

MUSEUM
Eine der kostbarsten Ausstellungen archäologischer Funde und sakraler Kunst erwartet sie im **Museu Nacional Machado de Castro** (Largo Dr José Rodrigues, Tel. 239 85 30 70, www.museuse monumentos.pt, Di.–So. 10.00–18.00 Uhr). Unter dem ehemaligen Bischofspalast streifen Sie durch den Kryptoportikus des römischen Forums, darüber von Meisterwerk zu Meisterwerk des sakralen Kunstschaffens. Schön ist auch die Aussichtsterrasse über dem Dächerpuzzle der Altstadt.

HOTELS
Die historische **€€€€ Quinta das Lagrimas** in der Rua António Augusto Gonçalves (Tel. 239 80 23 80, www.quintadaslagrimas.pt) im gleichnamigen Park bietet Luxus und Komfort pur. Während die Einrichtung in Nostalgie schwelgt, fühlt man sich im Feinschmeckerrestaurant zeitgenössischen Trends verpflichtet.

Die Pension **€€ Despertar Saudade** (Praça da República 8, Tel. 912 83 03 85, www.despertarsau dade.com) ist zentral gelegen und modern eingerichtet, allerdings mit nicht allzu großen Zimmern; Empfang und Service sind dafür herzlich.

RESTAURANTS
Das **€€€ Sete Restaurante** (Rua Dr. Martins de Carvalho 10, Tel. 239 06 00 65, https://seterestaurante.wixsite.com/coimbra) hinter der Kirche Santa Cruz präsentiert portugiesische Traditionen in einem modernen Gewand.

Das **€€€ Loggia** (Largo Dr José Rodrigues, Tel. 912 83 03 85, www.loggia.pt) im Machado-Museum besitzt wohl die beste Aussichtsterrasse der Stadt. Zum Panorama gesellt sich das Vergnügen, wirklich gute und originelle portugiesische Gerichte zu verkosten.

Klein, eng, meist voll und stets lecker: Im **€€ A Cozinha da Maria** (Rua das Azeiteiras 65, Tel. 911 53 31 26, www.facebook.com/cozinhadamaria) gibt es Traditionsküche wie bei Mama.

INFORMATION
Posto Municipal de Turismo, Praça da República, Tel. 239 85 71 86, www.cm-coimbra.pt

VISEU

Die Stadt (100 000 Ew.) empfängt Besucher mit steil bergauf führenden Straßen, ganz oben warten gleich zwei Kirchen und ein außerordentliches Museum.

SEHENSWERT
Die **Kathedrale** (Sé, Mo.–Fr. 8.00–12.00, 14.00 bis 19.00, Sa., So. ab 9.00 Uhr) lässt ihre romanischen Wurzeln hinter der Barockfassade nur noch erahnen, erstrahlt innen aber in gotischer Schönheit mit manuelinischem Deckendekor. Ihr gegenüber schnörkelt sich die **Igreja da Misericórdia** durch alle Raffinessen des Barock. Grão Vasco (1475–1543), dem berühmten Maler und Begründer der »Schule von Viseu«, widmet das **Museu de Grão Vasco** (Adro Sé, Tel. 232 42 20 49, www.museunacionalgraovasco.gov.pt, Di.–So. 10.00 bis 13.00, 14.00–18.00 Uhr) einen Gutteil seiner Ausstellung. Imposant sind die 14 Tafelbilder, die er für den Chor der Kathedrale anfertigte.

INFORMATION
Welcome Center Turismo do Centro, Casa do Adro, Adro da Sé, Viseu, Tel. 232 42 09 50, www.turismodocentro.pt

SERRA DA ESTRELA

Mit 1993 m ist die Torre da Estrela der höchste Berg des portugiesischen Festlandes. Das den Berg umgebende »Sternengebirge« (**Serra da Estrela TOPZIEL**) mit seinen tief eingeschnittenen Gletschertälern wie dem Vale Zêzere ist ein fantastisches Wandergebiet und berühmt für seine bizarren Erosionslandschaften wie den Granitfelsen der Penhas Douradas.

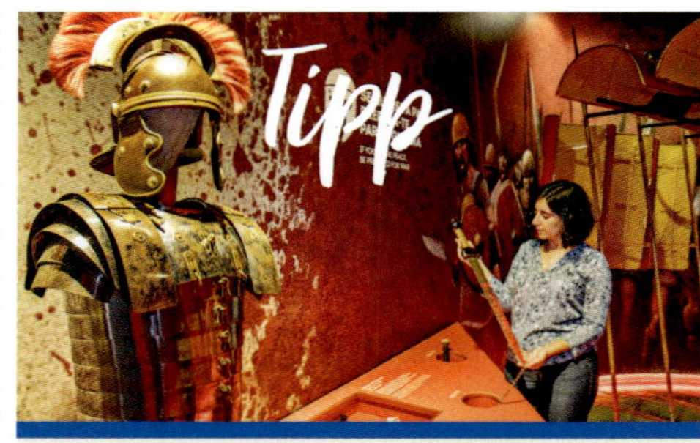

DIE SPINNEN, DIE RÖMER

Oder doch nicht? Wie es sich im römischen Portugal bzw. in dessen bedeutender Stadt Conímbriga tatsächlich lebte, erzählt das moderne und museumsdidaktisch bestens aufbereitete Museum PO.RO.S in Condeixa, 15 km südwestl. von Coimbra. Zuerst laufen die Besucher durch einen Zeittunnel zurück in die Römerzeit; danach lernen sie, wie der Alltag vor 2000 Jahren aussah, wie Frauen und Männer sich kleideten, den Göttern opferten und wie Krieg geführt wurde. So eingestimmt, macht auch der Besuch der archäologischen Stätte Conímbriga im nahen Condeixa-a-Velha Sinn, weil die Ausgrabungen leichter zu deuten sind.

***PO.RO.S**, Quinta de S. Tomé, Av. Bombeiros Voluntários de Condeixa-a- Nova 41, Tel. 239 94 91 22, www.poros.pt, Di.–So. 10.00 bis 18.00 Uhr; **Conímbriga**, R. das Ruinas 7, Condeixa-a-Velha, 10.00–18.00 Uhr*

Casa de São Lourenço: Wohlleben mit herrlichem Ausblick in der Serra da Estrela.

SEHENSWERT

Im Umfeld liegen einige historische Orte, die sich zu den **Aldeias Históricas TOPZIEL** (s. »Zur Sache«, S. 88) zusammengeschlossen haben. Eines dieser reizvollen Dörfer ist das im abgelegenen Tal der Serra do Açor am steilen Hang klebende **Piódão**, dessen Schieferhäuser mit dem Fels zu verschmelzen scheinen. Auch **Belmonte** am Ostrand der Serra da Estrela zählt zu den historischen Dörfern und ist zudem einer der portugiesischen Orte mit jüdischer Geschichte, von der das **Museu Judaico de Belmonte** (Juni–Mitte Sept. Di. bis So. 9.30–13.00, 14.30–18,00, Mitte Sept.–Mai Di.–So. 9.00–12.30, 14.00–17.30) berichtet. Die mit Burg und Stadtmauer befestigte Siedlung ist Geburtsort des Brasilienentdeckers **Pedro Álvares Cabral** (1468–1520), über den ein **Museu dos Descobrimentos** informiert (Mitte Sept. bis Mitte April Di.–So. 9.00–12.30, 14.00–17.30 Uhr, Sommer je eine halbe Std. später). **Guarda** (40 000 Ew.), im Nordosten der Serra auf über 1000 m Höhe gelegen, schmückt sich mit einer zinnengekrönten Kathedrale (Juni–Sept. 10.00 bis 13.30, 15.00–18.30, Winter 1 Std. früher), die mit einem ungewöhnlichen Altaraufsatz aufwartet: ein steinernes Wimmelbild des Bildhauers João de Rouão aus dem Jahr 1550 mit über 100 Figuren.

UMGEBUNG

Natur und Menschenhand schufen 5 km nördlich von Celorico da Beira (32 km NW von Guarda) ein faszinierendes Ensemble: Um die von der Erosion geformten »Pedra do Sino« (Glockenfelsen) gruppieren sich 20 Grabstätten der **Estação arqueólogica de São Gens** aus dem 1. bis 7. Jh.

HOTEL/RESTAURANTS

Sowohl für Autotouren in die Umgebung als auch für Wanderungen ideal ist die **€€€€ Casa de São Lourenço** (Campo Romão, Manteigas, Tel. 968 28 59 37, https://casadesaolourenco.pt). Das angenehme Haus besitzt ein Feinschmeckerrestaurant, auch das Schwesternhotel Casa das Penhas Douradas ist empfehlenswert.

Eine Taverne wie im Bilderbuch: **€€ Fio do Azeite** (Praça da República 8, Belmonte, Tel. 275 91 21 70, www.facebook.com/fiodeazeite14) bietet deftig-traditionelle Küche und gute Stimmung.

Für gehobene Ansprüche empfiehlt sich das **€€€ Belo Horizonte** (Largo de São Vicente 2, Guarda, Tel. 271 21 14 54, http://restaurantebelohorizonte.com) mit guter frischer Regionalküche. Sie können die regionalen Würste, Schinken und Käse in der **€ Mercearia A Beirã** (Rua 1 de Maio 26, Manteigas, Tel. 969 07 43 49, www.merceariabeira.pt) kaufen und mitnehmen oder vor Ort als Tapas mit einem Gläschen Wein genießen.

INFORMATION

Posto de Turismo, Rua Dr. Esteves de Carvalho 2, Manteigas, Tel. 275 98 11 29

KIEFERN, FARN UND GRANITGEISTER

Wer in der Serra da Estrela wandert, ist meist relativ allein unterwegs, die Markierungen sind nicht immer leicht zu deuten. Den folgenden abwechslungsreichen Rundwanderweg hat der Guide des Hotels Casa das Penhas Douradas angelegt und deutlich beschildert.

Vom Parkplatz passiert die mit gelben Balken markierte Rundtour die kleine Kapelle Senhora da Estrela und die Casa da Fraga, ein im 19. Jahrhundert teils aus Granitbrocken erbautes Häuschen. Darin soll ein Tuberkulosekranker binnen zwei Jahren sein Leiden kuriert und einen wahren Erstrela-Boom ausgelöst haben. Sanatorien und Häuschen wurden errichtet – viele fungieren heute als Feriendomizile. Hier beginnt ein Pfad bergab durch einen Wald von Douglaskiefern zu dem grandiosen Aussichtspunkt auf dem Felsen Fragão do Corvo.

Auf Schusters Rappen durch die Serra da Estrela: Wanderführer in die Region werden auch über die Casa de São Lourenço vermittelt.

Das Städtchen Manteigas liegt direkt unter uns. In gleichbleibender Höhe geht es weiter, vorbei an verlassenen Chalets und durchs idyllische, farnbewachsene Vale do Mares, um das sich so manche Legende rankt. Achten Sie auf die Granitblöcke – jeder gleicht einer Sagengestalt. Vom nächsten Aussichtspunkt, Varanda do chimpanzé, passieren Sie einen lichten Mischwald mit Picknicktischen. Ein kurzer Anstieg, und Sie blicken auf das malerische Vale do Rossim mit einem Stausee, dessen Ufer Sie folgen. Der letzte Abschnitt der Wanderung beginnt mit einem steilen Anstieg über knapp 100 Höhenmeter, passiert dann die Casa da Águia, ein an einen riesigen Felsbrocken gelehntes altes Haus, und führt auf dem Asphalt zurück zum Ausgangspunkt.

Start/Ziel: Parkplatz des Hotels Casa das Penhas Douradas
Länge/Dauer: 8 km, etwa 3 bis 4 Stunden
Anspruch: leicht
Markierung: gelbe Balken, Download der Karte und Beschreibung auf https://casadaspenhasdouradas.pt/en/hiking-trails/ (Menüpunkt »Around Penhas Douradas«)

Portugals Norden

*

DAS LAND HINTER DEN BERGEN

*

Grün ist der Norden, tiefgrün, bewaldet und fruchtbar. Die Provinzen Minho und Trás-os-Montes prägen atlantisches Klima und hohe Gebirgszüge, es regnet häufiger. Das schlägt sich auch in einem üppigen Pflanzenkleid nieder.

Mittelalterliche Brücke bei Soajo im nordwestlichen Teil des Nationalparks Peneda-Gerês: Ursprünglich und vielfältig ist das auch als Biosphärenreservat der UNESCO ausgewiesene Schutzgebiet.

Manuel Teixeira, Besitzer der Konditorei O Moinho in Amarante, präsentiert stolz eine kulinarische Spezialität der Stadt: »doces fálicos«.

Oben: Wallfahrtskirche Santuário de Santa Luzia in Viana do Castelo.

Rechts: Auf einer Felseninsel vor der Praia de Moledo steht die Festung Forte da Ínsua.

Amarante duckt sich in den Schatten des vom Rio Tâmega geformten Flusstals.

Verkostung im zum Hotel Monverde gehörenden Weinberg nordwestlich von Amarante.

An der Costa Verde, der grünen Küste zwischen Viana do Castelo und Caminha an der spanischen Grenze, reihen sie sich wie Perlen auf einer Schnur aneinander: Ferienhaussiedlungen, Strände und ehemalige Fischerdörfer, die heute gut besuchte Sommerfrischen sind. Doch das Klima ist selbst im August eher rau. Wer den Tag am Strand verbringt, benötigt einen stabilen Windschutz, wer im Freien essen möchte, nimmt in einem Glaskubus Platz. Hier bekommen wir die fangfrischesten Fische und Meeresfrüchte, die man sich erträumen kann – oder ist es die salzgeschwängerte Luft, die den Geschmack so hervorhebt?

PORTUCALIA UND DER MAURENSCHRECK

Mag sein, dass eben dieses Klima den Enthusiasmus der islamischen Eroberer etwas bremste, jedenfalls konnten die maurischen Heere Galicien und die spätere Grafschaft Portucalia, die in etwa dem heutigen Minho und Trás-os-Montes entsprach, nicht lange halten. Im 7. Jahrhundert hatten sie das Land überrannt, Mitte des 8. Jahrhunderts zogen sie sich wieder zurück und beschränkten sich auf vereinzelte Vorstöße. Als der legendäre Maurenschreck Afonso Henriques (Alfons I.) 1109 in Guimarães das Licht der Welt erblickte, empfanden die Adeligen nicht die islamischen Attacken, sondern den spanischen Nachbarn León-Kastilien als Bedrohung. Und ausgerechnet mit einem von denen turtelte Afonsos Mutter nach dem frühen Tod ihres Gatten. Nach eindringlichen Einflüsterungen seitens des Bischofs von Braga stellte sich der Jungspund kaum 20-jährig gegen seine Mutter und deren galicischen Geliebten, gewann 1129 die Schlacht von São Mamede bei Guimarães und schickte die Mama ins Kloster. Portucalia war von den Spaniern befreit.

DIE SACHE MIT DEN ZIEGEN

Blieben die Mauren. Über die siegte Afonso 1139 bei Ourique und rief sich 1140 endlich zum König aus. Als Gründer Portugals wird er im Land deswegen tief verehrt. Nur einmal haben wir ein Denkmal entdeckt, das sich einen Spaß mit ihm erlaubte: Es ist ein Azulejo-Tableau an einem der Türme des zauberhaften Städtchens Ponte de Lima und zeigt den König mit erhobenem Schwert gegen Ziegen kämpfend. »Cabras são, Senhor« steht darunter in Anspielung auf ein Ereignis, dass sich unweit von Ponte de Lima abgespielt haben soll. Afonso jagte mit Gefolge in den Wäldern und sprach dabei wohl ordentlich dem Wein zu, als er in der Ferne eine sich nähernde Staubwolke erblickte. Überzeugt, es mit Ungläubigen zu tun zu haben, stürmte er auf die Feinde los – und endete inmitten einer Herde. »Es sind nur Ziegen, Herr«, beruhigten ihn seine Gefolgsleute.

»HIER BEKOMMEN WIR DIE FANGFRISCHESTEN FISCHE, DIE MAN SICH ERTRÄUMEN KANN.«

EINE BURG ALS DIKTATORENDOMIZIL

In Guimarães geht man ehrerbietiger mit dem König um: »Aqui nasceu Portugal« steht in großen Lettern auf der Stadtmauer, »hier wurde Portugal geboren«. Gemeint ist die Schlacht von São Mamede, in der Afonso Henriques seine Grafschaft spanischen Ambitionen entriss. Als »Wiege Portugals« gewann Guimarães im Estado Novo, der von 1933 bis 1974 währenden Diktatur Salazars und seines Nachfolgers Caetano, eine besondere Bedeutung. »Back to the roots«, lautete die politische Devise, und zu derem Sinnbild erklärte Salazar den Burghügel. Im Jahr 1937 begann die Renovierung des Castelo, das als Afonso Henriques Geburtsort gilt. Am 4. Juni 1940 wurde es feierlich der Öffentlichkeit präsentiert. Es war der achthundertste Jahrestag der (angenommenen) Gründung Portugals – noch so ein starkes Symbol. Doch damit nicht genug: Der im 15. Jahrhundert errichtete Palast der Bragança-Herzöge gleich

»UNS SCHAUDERT ES IMMER BEI EINEM BESUCH, TROTZ ALL DER KOSTBAREN MÖBEL UND DER KUNST.«

nebenan hatte es dem Diktator ebenfalls angetan. Zwischen 1937 und 1959 wurde das Schloss restauriert, umgebaut und prunkvoll eingerichtet, um Salazar als Residenz im Norden zu dienen.

Uns schaudert es immer bei einem Besuch, trotz der kostbaren Möbel und der Kunst. Als die UNESCO Guimarães' Altstadt zum Weltkulturerbe erklärte, war ihr die massive bauliche Intervention des Estado Novo durchaus bewusst. So ist in der Begründung mehr von der kontinuierlichen Bebauung der wirklich hübschen Altstadt zwischen dem 12. und dem 19. Jahrhundert die Rede als von Burg und Palast.

BRAGAS GEHEIMNIS

Auch Braga ist ein UNESCO-Welterbe, genauer gesagt seine Wallfahrtsstätte Bom Jesus do Monte, deren 581-Stufen-Barocktreppe selbst konditionsstarke Pilger auf die Probe stellt. Wir bummeln lieber durch die Altstadt rund um die Sé, eine der ältesten und prachtvollsten Kathedralen des Landes, und schwel-

Rechts: Das Viersternehotel Vila Galé Collection Braga residiert in einem zu Beginn des 16. Jahrhunderts errichteten, aufwendig sanierten Hospiz samt angeschlossenem Klosterkonvent.

Ganz rechts: Blick in das in üppigem Barock gestaltete Kirchenschiff der Kathedrale von Braga.

Seit dem 14. Jh. pilgern die Menschen auf den Monte Espinho im Osten von Braga: Im Jahr 2019 wurde die Wallfahrtskirche Bom Jesus do Monte von der UNESCO zum Weltkulturerbe ernannt.

Feira de Barcelos: Der jeden Donnerstag stattfindende Wochenmarkt ist der größte, älteste und beliebteste Markt im Minho, Portugals nordwestlicher Provinz.

Aus der ganzen Region kommen die Bauern nach Barcelos, um auf dem Wochenmarkt ihre Waren zu verkaufen.

Besonders stimmungsvoll ist es abends auf dem Largo da Oliveira im Herzen der Altstadt von Guimarães.

»Wiege der Nation«: In Guimarães soll der erste König Portugals geboren worden sein.

gen im bunt blühenden Jardim de Santa Barbara vor dem mittelalterlichen Palast des Erzbischofs.

Manchmal machen wir auch einen Abstecher zum Kulturzentrum GNRnation, wo sich Bragas Kreativszene in Ausstellungen, Lesungen und Konzerten präsentiert, oder wir flanieren die Avenida da Liberdade hinauf, vorbei an verblichenen Jugendstilfassaden zum blaustrahlenden Palácio do Raio, einem vorbildlich restaurierten Rokokokleinod.

Aber dann ist es wirklich Zeit, zurück zur prunkvollen Praça da República zu gehen und die Avenida Central hinauf. Vorbei an Uni-Gebäuden und Barockkirchen betreten wir die Livraria Centésima Página, ein fantastisches Reich der Bücher mit einem kleinen Geheimnis: Die vollgestopften Verkaufsräume durchquert, das Lese-Café passiert, steht man plötzlich in einem kleinen, fast verwilderten Garten, lässt sich auf einer Holzbank nieder, holt sich eine bica, den hier besonders kräftigen Espresso, hört dem Gezwitscher der Vögel zu, ist glücklich und kauft zum Abschluss mindestens ein Buch …

DER HAHN VON BARCELOS

Barcelos an einem Donnerstagmorgen ist das pure Verkehrschaos. Händler rangieren mit ihren Mini-Vans und Anhängern um die Praça da República, Bäuerinnen schleppen säckeweise Obst und Gemüse, aus allen Himmelsrichtungen kommt die Ware auf den größten Markt Portugals. Unglaublich, was es alles an den Ständen gibt, von Imitat-Lederjacken aus Fernost über Töpfe und Pfannen bis hin zu Hühnern, Karnickeln und Singvögeln. Die Lebend-Abtei-

CITÂNIA DE BRITEIROS

Keltiberer, Castro-Kultur – diese Begriffe werden immer wieder genannt, wenn es um vorrömische Kulturen im Nordwesten Portugals geht. In Citânia de Briteiros erfahren Sie, warum.

So, wie sich diese Grabungsstätte heute darstellt, stammt sie wohl aus dem 2. Jahrhundert v. Chr., die ältesten Hausfundamente entstanden aber bereits um 800 v. Chr. Ihre Bewohner waren Keltiberer, Volksgruppen keltischen und/oder iberischen Ursprungs, die vor der Ankunft der Römer hier lebten. Zu sehen sind die Reste von etwa 100 Häusern und dazwischen angelegte Straßen. Um die ausgegrabenen Fundamente besser zu verstehen, sollten Sie das Museu da Cultura Castreja besuchen.

Citânia de Briteiros, Estrada Nacional 309, km 55, São Salvador de Briteiros, 9.30–12.30, 14.00–18.00, im Winter bis 17.00 Uhr u. Mo geschl.; Museu da Cultura Castreja, Solar da Ponte, S. Salvador de Briteiros, Tel. 253 41 59 69, https://msarmento.org, Di.–So. 9.30–12.30, 14.00–18.00 Uhr

lung meiden Sie besser, wenn Sie ein Herz für Tiere oder auch nur ein empfindliches Gemüt haben. Vor allem die Küken sind furchtbar eingepfercht, werden als Ware behandelt wie alles andere hier auch.

Neben den echten fluten ganze Heere bunter Keramik-Hähne den Markt: Diese stiegen inzwischen von Barcelos Wahrzeichen zu einem Sinnbild für ganz Portugal auf. Die Story dahinter: Ein Richter verurteilte einen fälschlicherweise des Diebstahls bezichtigten Bauer zum Tod durch den Strang, während er genüsslich einen gebratenen Gockel aß. Der Bauer beschwor seine Unschuld und weissagte, der Hahn auf dem Teller würde krähen, wenn man ihn hängt. So geschah es, denn glücklicherweise riss der Strick: Der Richter ward eines Besseren belehrt, und der Hahn von Barcelos avancierte zum millionenfach in Keramik verewigten Helden. Leider kommt er inzwischen auch oft aus Asien ...

FRUCHTBARKEITSGEBÄCK

Wer sich die eigenwillige Spezialität von Amarante, die »doces fálicos«, wohl ausgedacht hat?

Das Phallusgebäck sieht genauso aus wie es heißt. Traditionell verschenken es die Einwohner am ersten Juniwochenende zum Fest ihres Stadtheiligen São Gonçalvo, es soll Fruchtbarkeit bringen und vielleicht auch helfen, den Partner fürs Leben zu finden, heißt es. Dass der zuckrige Phallus ursprünglich, wie die meisten traditionellen Süßigkeiten in Portugal, von Klosterschwestern gebacken wurde, findet hier niemand bemerkenswert.

GLÜCKLICHE KÜHE IN PENEDA-GÊRES

Im nordöstlichsten Winkel des Parque Nacional da Peneda-Gêres, über dem Planalto de Castro Laboreiro, treibt der Wind die Wolken auseinander. Als dunkle Schatten jagen sie über die mit Farn und Erika bewachsene Hochebene um das gleichnamige Städtchen. Hier oben, nahezu unsichtbar unter Erde und Grasbewuchs, verbergen sich mehr als 80 megalithische Gräber, »antas« genannt. Um 5000 v. Chr. bot die von Felszacken gerahmte Hochfläche einer Gemeinschaft jungsteinzeitlicher Bewohner Schutz und Nahrung. Sie hinterließen den größten megalithischen Friedhof der Iberischen Halbinsel.

Die traditionelle Wirtschaftsform der heutigen Bewohner ist die Viehzucht; sie halten wunderhübsche Garranos – Rinder von samtigem Braun und deutlich geringerer Größe als deutsches Milchvieh. Die Tiere weiden frei, ziehen gemächlich über die mageren Wiesen, stehen vor Granitbrocken so groß wie Häuser oder rasten genüsslich zwischen hohen Farnwedeln. Manchmal ist ein Hütehund mit ihnen unterwegs – er nimmt es, so sagt man, selbst mit Iberischen Wölfen auf.

Gedeihen die Kühe in der Tradition der wilden Weide, so stehen ihnen die Menschen nicht nach: Bis heute praktizieren einige Familien die Transhumanz. Das heißt, sie teilen sich im Sommer das Leben mit den Tieren auf der Hochebene und ziehen – sobald der erste Schnee fällt – in die tiefer gelegenen Dörfer mit den Winterställen. Eine Karte im kleinen Volks-

Ponte da Mizarela im sich über vier beeindruckende Granitmassive erstreckenden Nationalpark Peneda-Gêres.

Oben: »Espigueiros« heißen die charakteristischen Kornspeicher aus Stein (hier bei Lindoso).

Markierte Wanderwege (Mitte rechts) erleichtern die Erkundung des Naturparadieses. Mitte links: ein erfrischendes Bad bei den Cascatas de Fecha de Barjas.

Unten: Steinzeitliche Fundstätten wie hier die Anta do Mezio zeugen davon, dass das Gebiet des Nationalparks schon vor 5000 Jahren besiedelt wurde.

Die Trachtengruppe Pauliteiros de Miranda ist die berühmteste des Landes und tritt auch im Ausland auf.

Miranda do Douro liegt oberhalb des Flusses Douro (oben), der die Grenze zwischen Spanien und Portugal bildet.

Rechts: Eine gut erhaltene römische Brücke (2. Jh.) führt in Chaves über den Rio Tâmego.

Eine 650 Meter lange Wehrmauer umfasst die ganze Hügelkuppe von Bragança.

WO DER ADLER KREIST

Von der modern gestalteten Aussichtsplattform Fraga do Puio südlich von Miranda do Douro liegt einem der Dourofluss zu Füßen.

Portugals nordöstliche Region wird begrenzt von den Douroschluchten nahe Spanien und den Gebirgen der Serra do Gerês. Die Gegend ist herb und ursprünglich – in der Weite der Landschaft, die sich etwa hier vom Fraga do Pui ausbreitet, könne man sich fast verlieren ... Die Aussichtsplattform führt ins Nichts. Helles Holz, zwei Bänke, der Stumpf eines verkohlten Baums und davor ein Abgrund, in dem der Douro eine Schleife zwischen karg bewachsenen Hängen schlägt. Die Glasscheiben zwischen Plattform und Schlucht sind kaum zu erkennen. Lauschen Sie der Stille – wenn es ganz ruhig ist, zieht vielleicht ein Steinadler seine Kreise über der Schlucht, kommt näher, ruft, stürzt hinab. Verschwindet in der Tiefe.

Miradouro da Fraga do Puio, unterhalb des Dorfs Picote, 17 km südlich von Miranda do Douro.

kundemuseum von Castro Laboreiro verzeichnet die Winter-(Inverneiras) und Sommerdörfer (Brandas) in der Region. Der dortige Kustos António versichert, dass fünf Familien diese Lebens- und Wirtschaftsform noch immer ausüben. Allerdings verlassen auch immer mehr Menschen den Nationalpark. Orte wie Lindoso oder Soajo könnten bald Geisterdörfer sein. Unheimlich wirken sie schon jetzt mit ihren archaischen Getreidespeichern aus bemoostem Granit, die zum Sinnbild von Peneda-Gêres wurden.

Einige Weiler besitzen sogar noch Wolfsfallen: Wenn früher der Wolf kam, stellten sich ihm die Dorfbewohner trommelschlagend und schreiend entgegen, bis das Raubtier Reißaus nahm. Sie jagten es den Hang hinunter und direkt in die Falle. Das ist heute natürlich verboten: Canis lupus signatus, der Iberische Wolf, steht unter strengem Schutz. Reißt einer mal ein Nutztier, bekommt der Besitzer staatliche Entschädigung. Die ist vielen zu gering. So leeren sich die Dörfer im Nationalpark und überlassen ein jahrhundertealtes Erbe der Natur. Und den Wanderern, die diese grandiose Landschaft und ihre archaische Einsamkeit gerade erst entdecken.

»ORTE WIE LINDOSO ODER SOAJO KÖNNTEN SCHON BALD GEISTERDÖRFER SEIN.«

»UM DIE WINTERSONNENWENDE GERÄT DIE WELT NACH HEIDNISCHEN VORSTELLUNGEN AUS DEN FUGEN.«

Brauchtum und Ritual

WENN DIE WILDEN KERLE KOMMEN

Sie tragen die »Pele do Diabo«, die Haut des Teufels, und in dieser Verkleidung sei alles erlaubt, sagen die »Caretos« (Maskenträger), was das restliche Jahr über als unschicklich gilt: Jahreswechsel und Karneval sind in den Dörfern von Trás-os-Montes eine spannende, eine unheimliche Zeit.

Oben: Masken und Kostüme im Museu Ibérico da Máscara e do Traje in Bragança. Linke Seite: Maskenträger aus der Region Trás-os-Montes.

Ledermasken vorm Gesicht, Kopf und Körper in ein Kostüm aus gelben, roten, schwarzen, blauen und grünen Wolltroddeln gehüllt, am Gürtel Rasseln oder Glocken, einen Stock in der Hand: So rennen sie los und machen einen Höllenlärm. Wenn die Caretos an den Karnevalstagen durch die Dörfer toben, verstecken sich die jungen Frauen, denn auf die haben es die Maskierten vor allem abgesehen. Mit eindeutigen Hüftbewegungen nähern sie sich den Mädchen, umarmen sie, tanzen mit ihnen, stehlen ihnen einen Kuss – und weiter geht die wilde Jagd zur nächsten Schönen. Wenn sie nicht gerade Mädchen jagen, tratzen oder küssen, brechen die Caretos mit Vorliebe in Weinlager ein. Verständlich: Soviel Action macht Durst.

WECHSELNDE MASKEN UND NAMEN

Caretos treten in zahlreichen Verkleidungen und mit wechselnden Namen auf, jeder Ort pflegt seine eigene Tradition. Die Caretos aus Salsas tragen Holz- oder Korkmasken, der Chocalhiero in Bemposta geht in Schwarz-Rot und zeigt Hörner. In Constantim ziehen Pauliteiros Frauenkleider an und tanzen einen streng choreografierten Stocktanz, in Lazarim legen sie Zottelkostüme aus Stroh und überdimensional große Holzmasken an.

WENN DIE NACHT AM LÄNGSTEN IST

Die meisten Feste finden um die Wintersonnenwende statt. In den Nächten zwischen dem 21. Dezember und dem 6. Januar gerät die Welt nach alten heidnischen Vorstellungen aus den Fugen, und die Menschen müssen sie zurechtrücken. Meist durch Rituale, die die bestehende Ordnung der Gesellschaft auf den Kopf stellen, indem Männer Frauenkleidung tragen beispielsweise. Das Böse, das damit besiegt wird – der Winter, der Mangel an Futter, die karge Natur – landet meist in Gestalt einer Strohpuppe auf dem Scheiterhaufen. Zweck der Übung ist die Beschwörung der Fruchtbarkeit für das neue Jahr. Dafür steckt sich der Chocalhiero in Bemposto Orangen auf die Hörner, und in Constantim fordern Carocho und Beilha, ein Teufel und ein altes Weib, begleitet von Stocktänzen der Pauliteiros Schinken und Würste von den Bauern ein. Die unverheirateten Männer von Miranda do Douro stapeln Äste, ja ganze Bäume vor der ehemaligen Kathedrale und zünden sie zur Fogueira do Galo an Weihnachten an.

Oben und rechte Seite: Caretos de Salsas. Obwohl das Brauchtum in der ganzen Region gepflegt wird, ernannte man die Tradition eines Dorfes zum Weltkulturerbe.

ZEIT DES ÜBERGANGS

Viele Wintersonnenwendfeste erfüllen einen weiteren Zweck, sie feiern den Übergang vom Jungen zum Mann und heißen dann auch Festas dos Rapazes – »Rapazes« sind Jungmänner. Zu den berühmtesten Rapazes-Festen in Portugal zählt jenes aus dem Ort Podence südlich von Bragança, wo es die eingangs beschriebene Tracht schnell zum Instagramhit brachte, mit entsprechenden Folgen. Der Besucherandrang sowohl zur Festa dos Rapazes als auch zum Carnaval de Podence ist enorm. Im Dezember 2019 erklärte die UNESCO den Carnaval do Podence mit seinen berühmten Caretos auch noch zum immateriellen Kulturerbe der Menschheit – ein Brauchtum, das doch im gesamten Trás-os-Douro gepflegt wird. Diese Bevorzugung Podences sorgte zunächst für böses Blut in den Nachbargemeinden, aber im Grunde hat das Dorf ohnehin das Nachsehen, denn nun muss es wahre Besuchermassen bewältigen.

WILDE MÄNNER IN VITRINEN

Wieviel Tradition steckt wirklich in diesem Brauchtum? Wer sich für diese Frage interessiert, bekommt in Braganças Museu Ibérico da Máscara e do Traje interessante Antworten. Die Vielzahl der darin ausgestellten Masken und Kostüme ist enorm, eine Landkarte verzeichnet über 20 Dörfer, in denen die Feste nach wie vor gefeiert werden. Sogar Kunsthandwerker, die heute noch Masken nach historischen Vorbildern aber durchaus mit individueller Kreativität und Fantasie herstellen, werden mit Bild und Vita vorgestellt. Sicher sind die Volkskundler, dass die Wurzeln des Brauchtums im keltischen Glaubenskosmos aus vorchristlicher Zeit liegen. Doch anzunehmen, dass Rapazes oder Chocalhieros schon seit mehr als 2000 Jahren kontinuierlich ihr symbolisches Unwesen in Trás-os-Montes treiben, wäre falsch. Je nach politischer und religiöser Großwetterlage waren die heidnischen Riten mal geduldet, mal verboten.

WENN DIE WILDEN FRAUEN KOMMEN

Traditionen sind nicht unverrückbar, sie verändern sich auch. Liefen die Caretos von Podence noch in den 1990er-Jahren von Haus zu Haus, drangen in Anwesen ein und raubten symbolisch Schinken und Wein, treten sie heute vor der eigens errichteten Casa do Careto auf, weil die vielen Besucher sie da besser sehen können. Früher waren die farbenfrohen Kostüme ausschließlich Männern vorbehalten; inzwischen verkleiden sich auch Frauen und Kinder.

Selbst unter der teuflischen Maske des Chocalhiero in Bemposta steckte erstmals eine Frau. Die Ehre, ihn darzustellen, wird traditionell versteigert – im Jahr 2019 überbot eine Dame die gesamte männliche Konkurrenz. Das Ende des Brauchtums ist das aber noch lange nicht. Vielleicht sogar erst ein neuer Anfang.

FAKTEN & INFORMATIONEN

Über die Termine des Carnaval in Pudence informiert www.caretosdepodence.pt; wann welches Dorf feiert erfahren Sie auch in Braganças Museu Ibérico da Máscara e do Traje (s. S. 113) oder auf dessen Webseite https://museudamascara.cm-braganca.pt

Eindrücklich zeigt der 5-Minuten-Film von Zé Maria Mendonça e Moura, »A Pele do Diabo/The Skin of the Devil«, das Caretos-Brauchtum in Podence (im Internet unter https://vimeo.com/378265517 abrufbar).

»TRADITIONEN SIND NICHT UNVERRÜCKBAR, SIE VERÄNDERN SICH AUCH.«

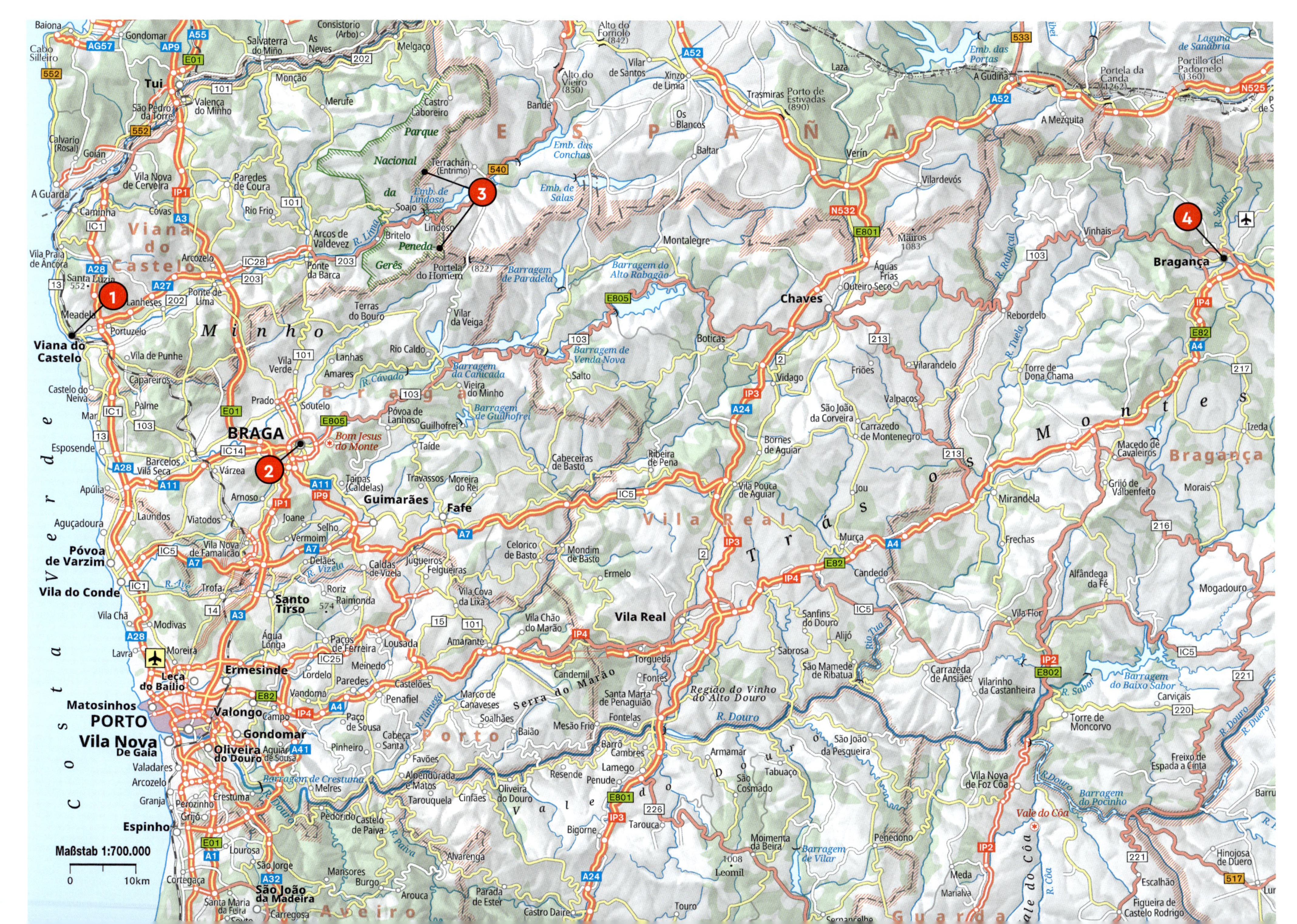

ESPAÑA
Parque Nacional da Peneda-Gerês
Viana do Castelo
Minho
Braga
Trás os Montes
Vila Real
Bragança
Porto
Aveiro
Guarda
Costa Verde
Viana do Castelo
BRAGA
Bom Jesus do Monte
Guimarães
Fafe
Chaves
Bragança
Vila Real
Montalegre
Mirandela
Macedo de Cavaleiros
Vila Pouca de Aguiar
Amarante
Lamego
Santo Tirso
Penafiel
Póvoa de Varzim
Vila do Conde
Barcelos
Esposende
Ponte de Lima
Ponte da Barca
Arcos de Valdevez
Valença do Minho
Caminha
Tui
Verín
Matosinhos
PORTO
Vila Nova De Gaia
Espinho
Ermesinde
Valongo
Gondomar
Região do Vinho do Alto Douro
Serra do Marão
R. Douro
Vale do Côa
Maßstab 1:700.000
0
10km
1
2
3
4

GEPFLEGTER STADTBUMMEL UND WILDE NATUR

Die nördlichen Regionen Minho und Trás-os-Montes zeigen ein herbes Gesicht: Klima und Natur sind ungestüm, die Städte wirken herrisch, das Brauchtum archaisch. Weit entfernt von Reverenzen an den Tourismus erleben Besucher hier ein stolzes und sehr geschichtsbewusstes Portugal.

1 VIANA DO CASTELO

Die Hafenstadt (89 000 Ew.) an der Mündung des Lima in den Atlantik lohnt allein schon wegen ihrer hinreißenden Altstadt den Besuch. Die schönen Strände sind eine angenehme Zugabe.

SEHENSWERT

Rund um die **Praça da República** versammeln sich die Highlights der Stadt: Den Mittelpunkt des Platzes bildet ein eleganter dreistufiger **Renaissancebrunnen**. Aus dem 16. Jh. stammt das aus Granitquadern erbaute alte Rathaus **Antigos Paços do Conselho** mit seinen weit ausschwingenden Arkadenbögen. Auch die **Igreja da Misericórdia** präsentiert sich im Stil der Renaissance. Wuchtig wie fast überall im Norden beherrscht die **Sé** (14. Jh.), eine Straße weiter, mit zinnengekrönten Türmen, einem reich skulptierten Eingang und einer zarten Rosette die Altstadt. Die beiden Bürgerhäuser **Casa Velha** und **Casa dos Lunas** hinter und gegenüber der Kathedrale spiegeln die Architektur des 15. und 16. Jh.s. Die Wallfahrtskirche **Igreja de Santa Luzia** (tgl. 9.00–18.00, Winter bis 17.00 Uhr) wacht von ihrem 250 m hohen Hügel über die Stadt. Stilistisch eher eigenwillig in neobyzantinischer Architektur erbaut, bietet sie sich als hübscher Aussichtspunkt an. Eine Drahtseilbahn führt von der Stadt hinauf.

Die Praça da República ist der Hauptplatz von Viana do Castelo.

MUSEUM

Brauchtum und Trachten des Minho zeigt das **Museu do Traje** (Praça da República 58, Tel. 258 80 93 06, www.cm-viana-castelo.pt, Di.–Fr. 10.00 bis 18.00, Sa., So. 10.00–13.00, 15.00–18.00 Uhr) in einer farbenfrohen Ausstellung. Leider ist die Beschriftung fast ausschließlich portugiesisch.

HOTELS

Die schick modernisierte **€€ Casa Melo Alvim** (Av. Conde Carreira 28, Viana do Castelo, Tel. 258 80 82 00, https://hotelmeloalvim.com/) aus dem 16. Jh. am Rand der Altstadt ist eine angenehme Unterkunft, von der aus Sie fast alles zu Fuß erreichen können.

Ein Lebensmittelladen mit Pension? Nicht ganz: Die **€€ Mercearia da Vila** (R. Cardeal Saraiva 34, Ponte da Lima, Tel. 258 75 35 62, www.merceariadavila.pt) ist ein beliebtes Café-Restaurant mit einigen nostalgisch eingerichteten Zimmern.

RESTAURANTS

Wo, wenn nicht in der **€€€ Tasquinha da Linda** (Doca das Marés A 10, Viana do Castelo, Tel. 963 01 23 60, www.tasquinhadalinda.com), sollte man sich an Fisch und Meeresfrüchten sattessen? Modernes, luftiges Ambiente, eine umfangreiche Speisekarte und Fisch frisch vom Hafen.

Im Familienbetrieb **€ O Marquês** (Largo Infante Dom Henriques 72, Tel. 258 82 80 69) unweit des Hafens kommt Traditionelles wie Bacalhau (eingesalzener Kabeljau) unkompliziert und in großen Portionen auf den Tisch.

UMGEBUNG

Namensgeber des hübschen **Ponte do Lima** rund 30 km nach Osten ist die Brücke aus dem 14. Jh., die 31 Bögen über den Lima-Fluss schlägt. In den

Praia de Moledo: Strandvergnügen ca. 20 km nördl. von Viana do Castelo an der Costa Verde.

Eine barocke Monumentaltreppe führt hinauf zur Wallfahrtskirche Bom Jesus do Monte.

Altstadtgassen sind historische Fassaden, teils aus dem 16. Jh., zu entdecken, außerdem Reste der mittelalterlichen Stadtbefestigung und ein dekoratives, manuelinisches Portal an der Kirche Santo António dos Fradres.

Verfroren sollte man nicht sein, wenn man an der **Costa Verde** genannten Küstenlinie zwischen Viana do Castelo und der spanischen Grenze etwa an der **Praia de Moledo** ins Wasser steigt: Selbst im Sommer beträgt die Temperatur selten mehr als 16 °C, der Strand ist den Winden relativ ungeschützt ausgeliefert. Aber die Landschaft ist einfach umwerfend: östlich die Mündung des **Rio Minho**, vor dem Strand eine Felseninsel mit der Festung **Forte da Ínsua**, links und rechts Sand, Sand, Sand.

INFORMATION

Viana Welcome Center, Praça do Eixo, Av. do Atlântico, Tel. 258 09 84 15, www.vivexperiencia.pt/viana-welcome-centre

BRAGA

Gerüchten zufolge ist Braga (193 000 Ew.) Portugals frommste Metropole. Das mag in seiner Geschichte begründet sein, denn das Christentum fasste hier schon früh Fuß. Bereits im Jahr 561 fand ein Konzil statt, das heidnische Praktiken verdammte. Nach dem maurischen Intermezzo in den Jahren 711 bis 868 stieg Braga zum Erzbistum auf, und es war der Erzbischof von Braga, der Afonso Henriques im Jahr 1139 zum ersten König Portugals ausrief.

SEHENSWERT

Die quicklebendige **Altstadt TOPZIEL** hat viel Charme. Ihren Mittelpunkt bildet die **Kathedrale** (Sé), ein romanischer Bau, der im 16. Jh. manuelinischen Schmuck bekam. Manuelinische Motive der Seefahrt – Getier und Taue – überziehen auch das Taufbecken. Barock präsentiert sich der Rest, besonders die an beiden Seiten des Mittelschiffs angebrachte Orgel. Von dem ebenfalls im 16. Jh. umgestalteten Kreuzgang gehen mehrere Kapellen ab – in der Capela dos Reis fanden Afonso Henriques Eltern ihre letzte Ruhe.

Sakraler Schatz: die stillende Muttergottes, Madonna do Leite, im Museum der Kathedrale (Se) in Braga.

Vom Kreuzgang gelangen Sie auch ins sehenswerte Museum (s. unten). Von den Stadttoren ist noch der im 18. Jh. errichtete **Arco da Porta Nova** erhalten. An der **Avenida da Liberdade** entlangbummelnd, sehen Sie einige schöne Architekturbeispiele der portugiesischen Arte Nova, so das im Jahr 1915 erbaute **Teatro Circo**. Gleich um die Ecke fällt der strahlend blaue **Palácio do Raio** (18. Jh., s. unten) auf, innen wie außen ein herausragendes Beispiel des Rokoko.

MUSEEN

Das **Tesouro-Museu da Sé de Braga** enthält kostbare Exponate wie das Original der gotischen Madona do Leite des französischen Bildhauers Nicolas Chanterène oder einen frühchristlichen Sarkophag aus dem 5. Jh. (Rua D. Paio Mendes, www.se-braga.pt, 9.30–12.30, 14.30 bis 17.30, im Sommer bis 18.30 Uhr).

Im **Palácio do Raio** folgen Sie der Geschichte der Misericórdia-Bruderschaft im authentischen Ambiente des 18. Jahrhunderts (Rua do Raio, Tel. 253 20 65 20, www.scmbraga.pt, Di.–Sa. 10.30 bis 17.30, Sommer bis 18.30 Uhr).

Auf die Spuren des römischen Bracara Augusta begeben Sie sich im **Archäologischen Museum Dom Diogo de Sousa** (R. dos Bombeiros Voluntários, Tel. 253 27 37 06, Di.–So. 10.00–17.30 Uhr).

HOTELS

Ein Kleinod im Herzen von Bragas Altstadt ist das **€€€ Santa Luzia Art Hotel** (Rua Francisco Agra 100, Guimarães, Tel. 253 07 18 00, www.eurostars hotels.de). Hinter der unscheinbaren Fassade verbirgt sich ein modisches Hotel mit Roofpool.

Mit nur 25 Zimmern hat das moderne **€€€ Moon & Sun** (R. dos Capelistas 85, Braga, Tel. 253 27 04 66, www.moonandsun.pt) im Stadtzentrum eine recht überschaubare Größe. Wählen Sie eines der Premium-Zimmer, die anderen sind arg klein.

Geschmackvoll, modern und mit Blick auf einen hübschen Platz wohnen die Gäste im **€€ Tea 4 Nine Guest House** (Praça Conde de Agrolongo 116, Braga, Tel. 914 00 46 06, https://tea4nine.pt) zentral und trotzdem ruhig. Weitere Pluspunkte des Gästehauses sind der kleine Garten und das Bistro im Erdgeschoss.

RESTAURANTS/EINKAUFEN

In der Einfachheit liegt größte Kunst, könnte das Motto von **€€€ Le Babachris** (Rua Dom João 39, Guimarães, Tel. 964 42 05 48, www.lebabachris.com) lauten, und zwar sowohl was die Einrichtung als auch was die Küche betrifft.

Mittelgroßer Hunger und Lust auf Petiscos? Die **€–€€ Casa de Pasto das Carvalheiras** (Rua Dom Afonso Henriques 8, Braga, Tel. 253 04 62 44, auf Facebook) ist die richtige Adresse: Petiscos in großer Vielfalt und fein arrangiert in einem sehr gemütlichen Lokal.

Im **€€ Pecado da Sé** (Rua do Forno 22, Braga, Tel. 967 25 20 25, via Facebook) wird gekocht wie bei Mamma, typisch portugiesische Gerichte wie Bacalhau schmecken exzellent.

In der tollen **€ Livraria Centésima Página** (Avenida Central 118–120, Braga, Tel. 253 26 76 47, www.centesima.pt) können Sie natürlich auch Bücher erwerben, aber eigentlich ist das Café mit seinem lauschigen Garten, selbstgebackenem Kuchen und frischen Sandwiches der Tipp.

UMGEBUNG

Bragas Wahrzeichen und UNESCO-Weltkulturerbe ist die Wallfahrtskirche **Bom Jesus do Monte TOPZIEL** (Estrada do Bom Jesus, Tel. 253 67 66 36, https://bomjesus.pt, Basilika Sommer 8.00 bis 19.00, Winter 8.00–18.00 Uhr), 6 km östlich des Zentrums. Mit 581 Stufen, 17 Kreuzwegstationen und zahllosen allegorischen Statuen führt die im 18. Jh. erbaute barocke Treppenanlage zum Gotteshaus auf seinem 160 m hohen Hügel.

Guimarães, wo im Jahr 1109 angeblich Afonso Henriques geboren wurde, liegt 23 km nach Südosten und wurde ebenfalls von der UNESCO als Welterbe geadelt. Das im 10. Jh. gegründete Castelo, in dem der künftige König seinen ersten Schrei tat, steht wehrhaft oberhalb der Altstadt; ein Stück entfernt prunkt der 1420 erbaute Palast der Herzöge von Bragança (beide Tel. 253 41 22 73, https://pacodosduques.gov.pt, tgl. 10.00 bis 18.00, Sommer bis 20.00 Uhr) mit luxuriösen Zimmerfluchten und antikem Mobiliar. Den Mittelpunkt der Altstadt bildet der hübsche Largo da Olivieira mit dem gotischen Rathaus Paços do Conselho, der romanischen Kirche Nossa Senhora da Oliveira mit einem verwunschenen Kreuzgang sowie einer gotischen Säulenhalle.

INFORMATION

Posto de Turismo, Av. da Liberdade 1, Braga, Tel. 253 26 25 50, https://visitbraga.travel

PARQUE NACIONAL DA PENEDA-GERÊS

Portugals einziger Nationalpark vereint tiefgrüne, von Stauseen und Flüssen durchzogene Täler mit Hochgebirge und archaischen Bergdörfern.

SEHENSWERT

Ein guter Ausgangspunkt für Touren ist das Städtchen **Arcos de Valdevez**, von dem aus das südliche Besucherzentrum unweit des Weilers **Lindoso** gut erreichbar ist: Im Ort sehen sie die steinernen Getreidespeicher, für die diese Region berühmt ist. Auch **Soajo** beim westlichen Besucherzentrum **Mezio** besitzt solche Speicher und einen eigenwilligen Schandpfahl mit stilisiertem Kopf. Die megalithischen Grabstätten **Antas de Mezio** sind bis zu 5000 Jahre alt. Sehenswert ist zudem die Wallfahrtskirche **Nossa Senhora da Peneda** – vor allem wegen ihrer dramatischen Lage vor einer Felswand. Im 1000 m hoch gelegenen **Castro Laboreiro** starten mehrere Wanderwege über die mit Farn, Wacholder und Macchia bewachsene Hochebene.

HOTEL/RESTAURANT

Das moderne **€€ Luna Arcos Hotel** (Lugar de Requeijo, Arcos de Valdevez, Tel. 258 09 36 00, www.lunahoteis.com) am Rand der Altstadt verwöhnt mit Pool und Spa nach einem Wandertag.

Für die **€ Churrasqueira O Braseiro** (Rua Soares Pereira 245, Arcos de Valdevez, Tel. 258 52 15 06) stehen die Gäste bis auf die Straße hinaus an; sie werden schnell und robust abgefertigt – und sind glücklich. Denn hier gibt es die größten und besten Steaks Portugals!

INFORMATION

Parque Nacional da Peneda-Gerês (Nationalparkbüro), Av. António Macedo, Braga, Tel. 253 20 34 80, https://natural.pt

EISKALTE ERFRISCHUNG

Poço Negro, ca. 1 km nordöstlich des Dorfes Soajo im Nationalpark Peneda-Gerês gelegen, ist ein ausnehmend hübscher Badeplatz mit abgeschliffenen Felsbrocken und glasklaren Gumpen. 125 Stufen führen von der Regionalstraße M530 hinunter in das schmale, dicht bewachsene Tal, in dem ein eiskaltes Flüsschen über Felsstufen gurgelt.

Im Museum wirkt die Maske ungefährlich, bei Festen kann sie ganz schön Angst verbreiten.

BRAGANÇA

In Guimarães stand die Wiege der Avis-Dynastie, Bragança (34 000 Ew.) ist Heimat der Bragança-Könige, die in den Jahren 1640 bis 1922 über Portugal herrschten. Der **Palast** ihrer herzöglichen Vorfahren schmückte seit dem 12. Jh. einen mit einem doppelten Mauerring gesicherten Hügel. Überragt wird das Ganze vom 34 m hohen Bergfried **Torre de Menagem**. Das auf fünfeckigem Grundriss errichtete **Domus Municipalis** diente dem mittelalterlichen Bragança als Rathaus. Mittelpunkt der ab dem 15. Jh. gewachsenen, geschäftigen Unterstadt ist der **Largo da Sé** mit der Renaissancekathedrale **São João Baptista**.

MUSEUM

Dem Brauchtum der Winteraustreibung und anderen Traditionen der Region Trás-os-Montes widmet sich das **Museu Ibérico da Máscara e Traje** (Rua D. Fernão O Bravo 24, Cidadela, Tel. 273 38 10 08, Di.–So. 9.00–13.00, 14.00–17.00 Uhr).

HOTEL/RESTAURANT

Die moderne **€€€ Pousada São Bartolomeu** (Rua Estr. do Turismo, Bragança, Tel. 258 82 17 51, www.pousadasofportugal.com) mit einem fantastischen Ausblick auf den Burghügel besitzt ein Michelin-Stern-dekoriertes Gourmetrestaurant.

Auch der **€€€ Parador Santa Catarina** (Largo da Pousada, Miranda do Douro, Tel. 273 43 10 05, www.hotelparadorsantacatarina.pt) ist als Hotel wie als Restaurant sehr zu empfehlen.

Muss man tatsächlich bis ins hinterste Portugal fahren, um im **€€ Capa d'Honras** (Travessa do Castelo 1, Miranda do Douro, Tel. 934 98 19 05) Bacalhau in allen nur erdenklichen Varianten bestellen zu können? Offensichtlich ja!

UMGEBUNG

Miranda do Douro liegt knapp 80 km nach Südosten an der spanischen Grenze über der tief eingeschnittenen Schlucht des Douro. Mirandas Hauptstraße Rua Abade de Baçal führt gesäumt von niedrigen, weiß getünchten Häusern zum Hauptplatz mit dem Renaissancerathaus. Die für ein so kleines Städtchen erstaunlich große Pfarrkirche diente 200 Jahre als Kathedrale, bevor die Bischöfe im 18. Jh. nach Chaves abwanderten.

Rund 100 km nach Westen verweist in **Chaves** eine römische Brücke auf die lange Geschichte der Stadt; Ausgrabungen brachten eine luxuriöse Thermenanlage am Largo Arrabalde ans Tageslicht, die im Museu das Termas Romanas de Aquae Flaviae präsentiert wird.

INFORMATION

Posto de Turismo, Rua Abílio Beça 103, Bragança, Tel. 273 38 12 73, https://turismo.cm-braganca.pt

HÜNENGRÄBER UND WILDE RINDER

Sind Sie lieber mit dem Mountainbike als mit dem Auto unterwegs? Nähern Sie sich der grandiosen Gebirgsnatur lieber langsam und mit Respekt? Dann ist diese mittelschwere Tour am Westrand des Peneda-Gerês-Nationalparks vielleicht genau das Richtige – sie verbindet Naturerlebnisse mit Zeugnissen uralter Megalithkultur.

Starten Sie am Besucherzentrum an der Porta do Mezio, wo mitten im Gelände die Anta do Mezio steht. Die aus sieben Felsplatten aufgebaute Grabkammer ist über 5000 Jahre alt! Bei der Weiterfahrt nach Norden (Hinweisschilder »Rota do Megalismo«) sind auf 5 km rund 500 Höhenmeter zu überwinden. Die Landschaft ist karg, Erika, Farn und ab und an eine Kiefer tupfen Farbe ins Graubraun der Felszacken. Dann wendet sich die Route nach Westen und in einem großen Bogen nach Süden konstant bergab, bis nach ca. 13 km der tiefste Punkt erreicht ist. Unterwegs passieren Sie immer wieder terrassierte Felder, sehen Bauern bei der Arbeit und treffen vielleicht auf die für die Region typischen Cachena-Rinder. Die Tiere grasen den Sommer über weitgehend frei und verbringen nur den Winter im Stall – fahren Sie vorsichtig, die Rinder haben immer Vorfahrt!

Südlich von Caralcova wendet sich die Route nach Nordosten und bergauf, überquert bei Km 16 das fruchtbare Tal des Rio Azere und zieht nach Süden nach Cabana Maior (Km 20). Nun geht's wieder bergauf, 300 Höhenmeter auf 8 km, dann erreichen Sie die Mamoas 5 und 6 von Mezio, einfachere Dolmengräber, die etwa 4500 Jahre alt sind.

Download der – mittelschweren – Tour:
www.visitarcos.pt/653?geo_article_id=69&page_nearby_list=2
Länge/Dauer: 28 km, 2,5 Std.
Start/Ziel: Mezio

Ungewöhnlich übernachten

BAUMHAUS ODER GLAMPING

Dank der in alten Burgen und Herrenhäusern eingerichteten Hotels besitzt Portugal viele originelle Unterkünfte. Hier kommen noch ein paar exzentrische dazu: Wie wäre es mit einem Tipi am Fluss? Einem Baumhaus an der Thermalquelle? Oder gar einem Holzhäuschen in der Weite der Hafflandschaft von Aveiro? Lassen Sie sich inspirieren!

1

WOHNEN IM HOSPITAL

Was für ein Entrée: Die barocke Fassade des Hospital São Marcos beherrschen die beiden Türme seines Gotteshauses, und rechts, fast verborgen, führt eine Tür ins Hotel. Die Geschichte liest sich so: Im Jahr 1508 gegründet, Kloster der Tempelritter, eines der ersten Krankenhäuser in Portugal – und schließlich seit 2019 Hotel. Frühstück und Abendessen im Kreuzgang; Antiquitäten, Gemälde und Teppiche, die jeden Schritt dämpfen, aber auch ein großer, moderner Trakt mit schick gestalteten Zimmern, Spa und Pool. Und das im Herzen der Stadt!

€€€ Vila Gale Collection Braga, Largo Carlos Amarante 150, Braga, Tel. 253 14 60 00, www.vilagale.com

AUFWACHEN MIT VOGELKONZERT

Sie wirken wie zwischen Bäumen aufgestellte Riesenfernrohre, vorausgesetzt, man erkennt sie überhaupt, denn die Baumhäuser des Thermalbads **Pedras Salgadas TOPZIEL** verschmelzen förmlich mit dem über hundertjährigen Park. Architekt Luís Rebelo de Andrade führte auf zierlichen Stelzen ansteigende Stege auf halbe Höhe der uralten Baumriesen, wo sie sich zu einer trapezförmigen Kabine verbreitern. Die enthält Schlafzimmer, Bad und zwei Riesenfenster – eines in den Park und das andere zum Himmel. Der Natur sind Sie hier ganz nah!

€€€ Parque Pedras Salgadas, Bornes de Aguiar, Tel. 259 43 71 40, www.pedrassalgadaspark.com

3

MIT DEM SURFBRETT AUF DU

Campingplatz oder Hotel? Angesichts der im Kiefernwald verstreuten Holzhäuschen stellt sich diese Frage durchaus, aber nein, das »Feel Viana« ist ein Vier-Sterne- Haus, seine Besonderheiten sind große Individualität und ein riesiges Sportangebot. Fast alles ist aus Holz und duftet herrlich, ob Standardzimmer, Bungalow oder Spa. Große Glasflächen verwischen die Grenzen zwischen drinnen und draußen. Der Strand ist vor der Haustüre. Und egal, ob Surfen, Biken, SUP oder Yoga – jedes Sportbedürfnis wird erfüllt.

€€€/€€€€ FeelViana Sporthotel, Rua Brás de Abreu Soares 222, Praia do Cabedelo, Viana do Castelo, Tel. 258330330, https://feelviana.com

EIN BAD IN DER ZISTERNE

Als Ana und António beschlossen, ein verlassenes Steinhaus im historischen Dorf Castel Rodrigo als Boutique-B&B wieder zum Leben zu erwecken, hatte es ihnen besonders die frühere Zisterne des Ortes angetan: Sie befand sich direkt vor dem neuen Heim – ein toller Pool! Ihre Casa da Cisterna lockt mit zehn freundlich-rustikalen Zimmern, einem üppigen Frühstück und jeder Menge Aktivitäten, vom Eselstreicheln über Mountainbiken bis zum Schwimmen in der Zisterne. Abends verabschiedet sich die Sonne in glutrotem Glanz über dem alten Dorf.

€€ Casa da Cisterna, Largo da Igreja, Castelo Rodrigo, Tel. 917618122, www.casadacisterna.com

5

ROBINSON IM HAFF

Das Vier-Personen-Öko-Holzhaus im Naturschutzgebiet der Ria de Aveiro ist ein Solitär: Abseits vom Strandrummel gelegen, gemütlich-schlicht eingerichtet und bestens für das präpariert, was Gäste hier am liebsten machen: mit scharfen Fernstechern zur Vogelbeobachtung ausrücken oder mit dem Profi-Teleskop dem wirklich überwältigenden nächtlichen Sternenhimmel verfallen. Wenn Ihnen die Decke des Schlafzimmers im Dachgeschoss auf den Kopf fällt, geht's ab aufs Rad und entlang der Kanäle durchs Haff.

€€€ Bee & See in Nature, Lugar da Moita, Ovar, Tel. 932817414, auf Buchungsplattformen

HUNDERT PROZENT REGIONAL

Nur ein weiteres Design-Hotel? Nein, die Casa de São Lourenço in der Serra da Estrela will mehr! Sie wurde ausschließlich von portugiesischen Designern eingerichtet, und zwar mit in Portugal produzierten wunderschönen Dingen wie Handtüchern, Geschirr und Besteck. Die vielen gemütlichen Kissen aus Wolle und Filz stammen von Burel, der traditionsreichen Textilfabrik aus Manteigas, der auch das Hotel gehört. Erübrigt sich zu betonen, dass auch Service und Küche portugiesisch sind – und exzellent.

€€€ Casa de São Lourenço, Estrada Nacional 232, Km 49,3, Campo Romão, Manteigas, Tel. 275249730, http://casadesaolourenco.pt

HILFREICH & NÜTZLICH

Praktische Informationen für die Reise und einiges Wissenswerte über Porto und den Norden Portugals haben wir hier für Sie zusammengestellt.

AUSKUNFT

Touristinformation in Deutschland: Turismo de Portugal (Portugiesisches Fremdenverkehrsamt) Zimmerstr. 56, D-10117 Berlin, www.visitportugal.com

Touristinformation in Porto: Porto Welcome Center, Praça Almeida Garret 27, 4000 – 172 Porto, Tel. 935 55 70 24, https://visitporto.travel
Weitere Büros am Flughafen und an der Kathedrale (Sé).

Internet

https://visitporto.travel: Offizielle Webseite der Stadt mit Informationen zu Sehenswürdigkeiten, Veranstaltungen, Restaurants, Tourenvorschlägen und Angaben zur Porto-Card.

www.visitportoandnorth.travel: Offizielle Webseite der Regionen Porto, Minho, Alto Douro und Trás-os-Montes mit Vorstellung der einzelnen Regionen, Städte und Highlights, Tipps zu Übernachten und Essen, Events u.v.m. Interessant sind auch die Routenvorschläge mit Essens- und Unterkunftstipps.

Fischerboote im Hafen von Porto.

www.centerofportugal.com: Eine sehr gut aufgemachte, informative Website zur Region Centro mit Infos zu Sehenswürdigkeiten, Aktivitäten etc. und interessanten Hintergrundfeatures, etwa zu Street Art. Manchmal liest sich die englische Version verständlicher als die deutsche.

https://aldeiashistoricasdeportugal.com: Die historischen Dörfer stellen sich vor. Mit Übernachtungs- und Restauranttipps.

ESSEN UND TRINKEN

Zum **Frühstück** nehmen die meisten Portuenser nur eine »bica«, einen Espresso, oder einen Milchkaffee, »galão«, und bestellen dazu etwas Süßes wie die beliebten »pastéis de nata« oder einen Toast mit Butter, »torrada«.

Das **Mittagessen** ab 12.30 Uhr nimmt dann einen entsprechend größeren Raum ein; »prato do dia« heißt das günstige Tagesgericht. Da in Porto und anderen Großstädten erst spät zu Abend gegessen wird – im ländlichen Nordportugal etwas früher – wird man in den Restaurants vor 20.30 Uhr kaum jemanden antreffen.

Das **Menü** beginnt mit einer Vorspeise (»entrada«), meist lokalen Würsten, Schinken und Käse (»fumeiro«). Als Hauptgericht werden gern »bacalhau«, Stockfisch, oder Sardinen in den verschiedensten Variationen zubereitet. Beliebt ist eine Spezialität aus dem Alentejo, Schweinefleisch mit Muscheln (»porc alentejanu«), groß die Auswahl an Grillgerichten von Rind und Schwein (»grelhados«), manchmal auch am Spieß gegrillt (»espetada«). Es lohnt sich auch stets, nach der Empfehlung des Hauses (»su-

GESCHICHTE

um 25 000 v. Chr.: Altsteinzeitliche Jäger hinterlassen Felsbilder im Côa-Tal.
um 300 v. Chr.: Keltiberer siedeln in Nordportugal, darunter auch am Douro.
um 140 v. Chr.: Römer erobern die Keltensiedlung an der Douromündung und nennen sie Portus Cale.
5./6. Jh.: Eroberungen der Sueben und Westgoten.
711: Mauren überrennen Portus Cale und stoßen weiter nach Norden vor.
868: Der Adelige Vimara Peres treibt die Mauren südlich des Douro zurück und gründet im Gebiet zwischen Douro und Minho die Grafschaft Portucale als Vasall des Königreichs Asturien-Léon.
1109: Geburt Afonso Henriques (Alfons I.), wahrscheinlich in Guimarães.
1128: Afonso Henriques besiegt die Truppen seiner Mutter und ihres asturischen Geliebten in der Schlacht von São Mamede und beendet damit Portucalias Abhängigkeit von Asturien-Léon.
1139: Nachdem er die Mauren in Zentralportugal geschlagen hat, erklärt Afonso Henriques sich zum König von Portucalia. Reichshauptstadt wird Guimarães, danach Coimbra. 1255 zieht der Hof nach Lissabon.
1290: Dom Dinis (Dionysius) gründet die Universität von Coimbra.
1387: Dom João I. (Johann I.) heiratet in Portos Kathedrale Philippa of Lancaster und begründet damit eine langwährende Allianz zwischen Portugal und England.
1703: Mit dem Methuen-Vertrag regeln Portugal und England den Warenverkehr (vor allem Textilien und Wein). Schon bald blüht das Geschäft mit Portwein in Vila Nova de Gaia.
1756: Der Marquês de Pombal legt die Grenzen der Região Demarcada do Douro fest und begründet damit eines der ältesten Weinbaugebiete mit kontrollierter Herkunftsbezeichnung.
18. Jh.: Der italienische Architekt Nicolau Nasoni errichtet in Porto und Nordportugal prägnante Bauten wie die Clérigos-Kirche und den Barockpalast Casa de Mateus.
1820: Die Portuenser rufen die liberale Revolution aus. Die Auseinandersetzungen zwischen Miguelisten und Liberalen dauern bis zum Jahr 1834.
2. Hälfte d. 19. Jhs.: Industrialisierung und Brückenbau: Ponte D. Maria I (Gustave Eiffel) und D. Luís I (Theophile Seyrig) werden in Dienst genommen.
1933–1974 Estado Novo: Die Diktatur von António de Oliveira Salazar und seines Nachfolgers Caetano beschränkt die bürgerlichen Rechte und verordnet dem Land eine rückwärtsgewandte Wirtschaftspolitik. Portos Altstadt verfällt.
25.4.1974: Portugiesisches Militär stürzt in der sog. Nelkenrevolution das Regime von Caetano. Demokratische Wahlen.
1986: Portugal tritt der EG bei.
1996: Portos Altstadt wird zum Weltkulturerbe der UNESCO ernannt.
2019: Die Wallfahrtskirche Bom Jesus bei Braga mit ihrer barocken, fast 600 Stufen hohen Freitreppe wird UNESCO-Welterbe.
2022: Aus den Parlamentswahlen gehen die regierenden Sozialisten unter Ministerpräsident António Costa als Sieger hervor.
2023: Hitzerekorde und Waldbrände richten auch Im Norden Portugals große Schäden an. António Costa tritt wegen Korruptionsvorwürfen zurück.
2024: Die konservative Minderheitsregierung scheitert an der Vertrauensfage.
2025: Neuwahlen im Mai.

gestão«) zu fragen, das in der Regel nicht auf der Karte steht. »Petiscos« heißen kleine Gerichte und lokale Spezialitäten, die man ohne feste Menüfolge bestellt, frittierte Stockfischbällchen (»Bolinhos de Bacalhau«) etwa oder die ebenfalls frittierten »Peixinhos da Horta«, grüne Bohnen im Teigmantel. Vor allem in Porto wetteifern spezialisierte Restaurants mit allen möglichen Varianten um das Prädikat der besten Francesinha: Die mit Steak, Wurst und Käse gefüllten und belegten Toastscheiben ersetzen locker eine Hauptmahlzeit. Ähnlich gehaltvoll ist eine weitere Spezialität Portos, der »cachorrinho«, die portugiesische Variante des Hotdog, bei der die Wurst ins Brot eingebacken wird. Auch »tripe«, Kutteln, sind eine Spezialität.

Getränke
Zum Essen bestellt man gerne Wein, der in erstaunlich hoher Qualität oft glasweise ausgeschenkt wird und auch in der Flasche recht günstig ist. Bekannteste Anbaugebiete in Nordportugal sind Douro, Dão und Minho, wo der spritzige Vinho Verde gekeltert wird. Besondere Wertschätzung genießt Portwein aus dem Dourotal, den man als Aperitif oder gelegentlich auch nach dem Essen genießt. Wer keinen Alkohol trinkt, bestellt ein Mineralwasser, z.B. aus der Mineralwasserquelle von Pedras Salgadas.

Festessen in Matosinhos, mit Fisch und Wein, ganz fein: Saúde!

FEIERTAGE UND FESTE

Zu den lebhaftesten und buntesten Festen zählen die Veranstaltungen zu Ehren der lokalen Heiligen. In **Porto** finden die einwöchigen Festlichkeiten für den Stadtpatron São João, Johannes den Täufer, in der Nacht vom 23. auf den 24. Juni ihren Höhepunkt mit Prozessionen, Sardinengrillen, Musik und Tanz in der Altstadt. **Braga** feiert São João de Braga zur selben Zeit mit einem großen Spektakel, darunter der Gefangennahme und Ausweisung eines Schweins, der Corrida do Porco Preto (www.saojoaobraga.pt). In **Coimbra** ist die einwöchige Queima das Fitas das große Festereignis. Das Studentenfest wird Mitte Mai mit Paraden und der berühmten nächtlichen Fado-Serenade vor der Kathedrale begangen. Ende Juni tragen die traditionellen Rabelo-Boote der großen Kellereien in **Vila Nova de Gaia** mit der Regata dos Rabelos einen spektakulären Wettstreit auf dem Douro aus. Anfang November swingt **Guimarães** bei Guimarães Jazz, einem der ambitioniertesten Jazzfestivals in Portugal. Anfang Dezember geht's in **Porto** beim Festival da Francesinha um die sehr kalorienlastige Lieblingsspeise des Nordens. Zwischen 21. Dezember und 6. Januar bestimmen Winteraustreibungen mit wilden Masken und Tänzen das Leben der Dörfer in **Trás-os-Montes**.

1. Jan.: Neujahr
Feb./März: Fastnachtsdienstag
März/April: Ostern
25. April: Tag der Freiheit (Nationalfeiertag)
1. Mai: Tag der Arbeit
10. Juni: Portugal-Tag (Todestag des Dichters Luís de Camões)
15. August: Mariä Himmelfahrt
8. Dez.: Fest der Unbefleckten Empfängnis
25. Dez.: Weihnachten

DATEN & FAKTEN

Geografische Lage: Die in diesem Band vorgestellte Region umfasst die nördliche Hälfte Portugals, vom Mondego und der Universitätsstadt Coimbra bis zum Minho, dem Grenzfluss zu Spanien, der den gesamten Norden östlich und nördlich einrahmt. In der Verwaltungsgliederung des Landes entspricht die Region etwa den zehn nördlichen Distrikten.
Bevölkerung: Im Norden leben knapp 5 Mio. Menschen, in etwa die Hälfte der Gesamtbevölkerung Portugals. Die Bevölkerungsdichte variiert: Beträgt sie im Großraum Porto 745 Menschen pro km², sind es im Raum Guarda nur 23. Der Anteil von im Ausland Geborenen liegt in Portugal bei 8 %. Diese Zahl gilt auch für die nördliche Hälfte des Landes, wobei der Großteil in den urbanen Zentren an der Küste anzutreffen ist. Die große Mehrheit der Portugiesen ist römisch-katholischen Glaubens (die Angaben schwanken zwischen 85 und 95 %). Mit dem Zuzug von Menschen aus den ehemaligen Kolonien, vor allem aus Brasilien, fassen auch Freikirchen Fuß.
Wirtschaft: Ökonomischer Motor des Nordens ist der Großraum Porto mit Hafen, Industrie, Weinhandel und Tourismus. Lange Zeit spielte die Textilindustrie um Covilhã eine bedeutende Rolle, kann sich aber inzwischen gegenüber der Billigkonkurrenz aus Asien nur noch im hochwertigen Bereich behaupten. Mit 6,2 % liegt die Arbeitslosigkeit im Norden etwas über dem Niveau Gesamtportugals (6 %). Besorgniserregend hoch ist die Jugendarbeitslosigkeit: Rund 20 % der bis 24-jährigen sind ohne Job.
Naturraum: Landschaftlich prägen die Bergländer der Serras (Serra da Estrela mit dem höchsten Berg Festlandsportugals Torre (1993 m), Serra da Peneda, Serra do Gerês) den östlichen Bereich, während den Westen entlang der Atlantikküste weitgehend flache Landschaften und Haffs (Ria de Aveiro) dominieren. Mehrere große Flüsse (Mondego, Douro, Vouga, Lima, Minho) fließen aus dem Bergland oder Spanien kommend von Ost nach West dem Atlantik zu. An oder unweit ihrer Mündungen entstanden bedeutende Städte wie Coimbra, Porto, Aveiro, Viana do Castelo und Caminha. Sowohl an der Küste als auch im Dourotal und in den Gebirgsregionen lässt sich eine vielfältige Vogelwelt beobachten. Im Nationalpark Peneda-Gerês steht der Iberische Wolf unter Naturschutz.

GELD

Portugal gehört zur **Euro-Zone** (1 € = ca. 0,96 CHF bzw. 1 CHF = ca. 1,04 €). Die meisten internationalen **Kreditkarten** (MasterCard, Visa, American Express) werden von Hotels, Restaurants und vielen Geschäften akzeptiert. **Sperrnotruf** bei Verlust der Bank- bzw. Kreditkarte: Tel. +49 116 116 (außerh. Deutschlands gebührenpflichtig) bzw. www.sperr-notruf.de.

GESUNDHEIT

Die medizinische Versorgung ist gut; im Krankenhaus (»hospital«) oder Gesundheitszentrum (»centro de saúde«) findet man im Notfall medizinische Hilfe (meist wird Englisch gesprochen); Apotheken (»farmácias«) führen alle gängigen Medikamente. Die europäische Gesundheitskarte wird akzeptiert, allerdings muss man Zusatzleistungen, die in Portugal nicht unter den Krankenversicherungsschutz fallen, manchmal selbst bezahlen.

HOTELS

Von der stylischen Quinta im Dourotal zur liebevoll geführten Pension in der Ribeira, vom schicken Hostel am Strand zum Boutique-Hotel in den Bergen – die Auswahl ist groß und bietet jedem etwas. Die portugiesischen Hotels sind in

Wohlleben am Pool: Hotel Monverde, Amarante.

fünf Kategorien klassifiziert, wobei die Kategorie nicht unbedingt etwas aussagen muss über den Preis. Ein **Pensão** entspricht dem, was früher als Pension bezeichnet wurde, auch ein »Residencial« ist meist eher persönlich geführt. Eine Besonderheit sind die **Pousadas**: Die historischen Unterkünfte, oft handelt es sich um zum Hotel ausgebaute Klöster, Burgen oder Herrensitze, wurden ursprünglich vom portugiesischen Staat aufgebaut und geführt. Heute befinden sich die meisten von ihnen in den Händen der portugiesischen Hotelgruppe Pestana (www.pousadas.pt). Empfohlene Adressen siehe Infoseiten der vorangegangenen Kapitel.

PREISKATEGORIEN

€€€€	Doppelzimmer	über 180 €
€€€	Doppelzimmer	140–180 €
€€	Doppelzimmer	80–140 €
€	Doppelzimmer	unter 80 €

NOTRUF

Allgemeiner Notruf Tel. 112 (Polizei, Feuerwehr, Krankenwagen), Touristenpolizei Tel. 222 09 20 06

ÖFFNUNGSZEITEN

Die Geschäfte in den Innenstädten sind meist Mo.–Sa. 9.00/10.00–19.00/20.00 Uhr geöffnet, kleinere Läden machen mittags zwischen 12.30 und 14.30 Uhr Pause. Sonntags haben nur Souvenirshops und die Einkaufszentren geöffnet.

REISEZEIT

Die nördliche Hälfte Portugals ist im Küstenbereich und in den Gebirgsregionen von harscherem Klima geprägt als der Süden. Die Temperaturen liegen etwas niedriger, Regenfälle sind häufiger, an der Küste und einige Kilometer landeinwärts bauen sich ab und an Nebelbänke auf, im Bergland ist im Winter mit Schnee zu rechnen. Generell gilt: Einen Regenschirm oder wasserabweisende Kleidung werden Sie im Norden Portugals wohl benötigen. Bei Städtetrips sind die niedrigeren Temperaturen ein Segen. Ein besonders mildes Mikroklima prägt das von der Sonne begünstigte Dourotal. Die **ideale Reisezeit** hängt von der geplanten Aktivität ab: Besuchen Sie Porto, Coimbra und das Dourotal, ist fast das ganze Jahr über Saison. Richtig kalt wird es auch zwischen Dezember und Februar nicht. Planen Sie eine Rundreise mit Zeit zum Baden, werden Sie am Atlantik nur im Juli/August, vielleicht auch noch im September glücklich. Möchten Sie in der Serra da Estrela oder im Nationalpark Peneda-Gerês wandern, sind Frühjahr und Herbst zu empfehlen – im Sommer ist es zu heiß, und es drohen Waldbrände.

WETTERDATEN

Porto	TAGES-TEMP. MAX.	TAGES-TEMP. MIN.	TAGE MIT NIEDER-SCHLAG	SONNEN-STUNDEN PRO TAG
Januar	14,1°	6,2°	15	4
Februar	15,3°	6,6°	13	5
März	17,5°	8,1°	13	5
April	17,8°	8,9°	15	5
Mai	20,1°	11,5°	14	7
Juni	22,8°	13,8°	8	8
Juli	24,5°	14,9°	7	10
August	24,9°	15,1°	7	9
September	23,2°	13,9°	10	8
Oktober	20,5°	12°	16	5
November	16,9°	8,8°	16	4
Dezember	14,6°	7,3°	17	4

RESTAURANTS

Die meisten Restaurants öffnen mittags und abends; nur wenige bleiben durchgehend auf. Die Portugiesen essen spät, deshalb schließen die meisten Lokale nicht vor Mitternacht. In jedem Restaurant wird der Tisch schon vor der Bestellung mit Leckereien wie Brot, besonderem Käse, Oliven und/oder Thunfischpaste gedeckt – das ist aber kein »Gruß des Hauses«, sondern wird bei Verzehr auf die Rechnung gesetzt. Wenn Sie das nicht wollen, müssen Sie ausdrücklich darauf hinweisen. **Marisqueira** bezeichnet ein ausgesprochenes Fischrestaurant; **Churrasqueira** ist das Pendant für Fleischliebhaber, in diesem Fall vor allem gegrillter Fleischgerichte. In der **Petisqueira** schlemmen Sie sich durch eine Vielzahl von petiscos, der portugiesischen Variante von Tapas. Eine **Tasca** ist ein einfaches Restaurant oder eine Kneipe mit guten, preiswerten Gerichten.
Empfohlene Adressen siehe Infoseiten der vorangegangenen Kapitel.

PREISKATEGORIEN

€€€€	Drei-Gänge-Menü	über 90 €
€€€	Drei-Gänge-Menü	70–90 €
€€	Drei-Gänge-Menü	45–70 €
€	Drei-Gänge-Menü	bis 45 €

SPRACHE

In den Städten kommen sie ohne Probleme mit Englisch, manchmal auch mit Französisch zurecht. Deutsch sprechen nur wenige, zumeist in den Hotels und bei den touristischen Infostellen.

ZEIT

Die Zeitverschiebung zur MEZ beträgt minus eine Stunde. Sie gilt das ganze Jahr über, da auch Portugal auf Sommerzeit umstellt, solange noch keine neuen EU-Regelungen in Kraft sind.

Wohlleben am Strand: an der Praia da Barra bei Aveiro. Nur zum Baden im Atlantik ist es meist zu kalt.

REGISTER

Fette Ziffern verweisen auf Abbildungen

IMPRESSUM

DUMONT Bildatlas Porto, Portugal Norden, 3. Auflage 2025
ISBN 978-3-770-19183-3

Redaktion und Bildredaktion: Robert Fischer
Text: Daniela Schetar und Friedrich Köthe
Exklusiv-Fotografie: Monica Gumm
Titelbild: awl-images/Karol Kozlowski
Grafische Konzeption, Layout: CYCLUS · Visuelle Kommunikation, Stuttgart
Kartografie: © KOMPASS-Karten GmbH, A-6020 Innsbruck; MAIRDUMONT, D-73760 Ostfildern
Illustration: Grazyna Ostrowska-Henschel (S. 6 24, 68, 114)
Reproduktionen: PPP Pre Print Partner, GmbH & Co. KG, Köln

Lob oder Kritik? Wir freuen uns auf eine Nachricht! Trotz gründlicher Recherche schleichen sich manchmal Fehler ein. Wir bitten um Verständnis, dass der Verlag dafür keine Haftung übernehmen kann.
Redaktion DUMONT Reise • MAIRDUMONT • info@dumontreise.de

Anzeigenvermarktung: MAIRDUMONT MEDIA, Tel. 0711/4502-0, Fax 0711/4502-1012, media@mairdumont.com, http://media.mairdumont.com

Printed in Germany

Urlaub erinnern …

Wenn jemand eine Reise tut, dann kann er was erzählen. Und nicht nur das: Er nimmt auch etwas mit. Erinnerungen an die schönste Zeit im Leben.

AUF EIN GLÄSCHEN PORTWEIN

Dieser Duft nach Rosinen, das nussige Aroma – die Verkostung meines ersten Tawny Ports bei Graham's wird mir als Geschmacksexplosion immer in Erinnerung bleiben. Natürlich habe ich eine Flasche mitgenommen. Wenn ich sie entkorke, bin ich wieder in Vila Nova de Gaia. (Daniela Schetar, Autorin).

SEIFEN-REGENBOGEN

»Claus Porto« ist ein traditionsreiches Unternehmen aus Porto, dessen handgeschöpfte Seifen so edel sind wie die Bäder historischer Quintas. Mir hat es eine Box mit 15 Mini-Gästeseifen in den Farben des Regenbogens angetan. Dass die auch herrlich duften, versteht sich von selbst. Eine kostbare Erinnerung (Rua das Flores 22, https://clausporto.com).

WOCHENMARKT IN BARCELOS

Zuhause entdeckten wir dann das Etikett »Made in China«. Im Gewimmel des Wochenmarkts hatten wir gar nicht darauf geachtet. Egal! Tisch gedeckt, Geschirr und Gläser draufgestellt – da sind sie wieder, die Stimmen und Farben von Barcelos.

UNVERGESSENE FRANCESINHA

Entweder Sie lieben diese mächtigste aller mächtigen nordportugiesischen Spezialitäten, oder Sie denken mit Schaudern an ihren Genuss zurück. So oder so wird dieser mehrfach mit Fleisch und Wurst gefüllte Toast, der anschließend mit viel Käse überbacken und dann in pikanter Tomatensauce versenkt wird, Sie nicht kalt lassen. Den meisten läuft bei der Erinnerung das Wasser im Munde zusammen.

DIE WELLE(N) REITEN

Lange schauten wir neidisch anderen zu, dann haben wir uns doch getraut. Die Fisherman Surfschule an der Praia de Canide Sul in Vila Nova de Gaia nahm uns mit offenen Armen (und viel Geduld) auf, und schließlich gelang er, der erste kurze Ritt auf einer Welle. Ein wahrer Traum (www.fishermansurfschool.com)!

HIMMELSTREPPEN

Es scheint, als würden die Menschen im Norden Portugals das mühevolle Pilgern über Hunderte von Stufen besonders schätzen. So scheinen die Stufen zu Bom Jesus bei Braga oder zu Nossa Senhora da Peneda als Meisterwerke der Illusion direkt in den Himmel zu führen. Da befällt einen selbst im Nachhinein ein frommer Schauder.

»VOR MIR DER DOURO, IM GLAS DAS ZARTE ROSÉ DES KOSTBAREN PORTWEINS. UNVERGESSEN!«

Daniela Schetar, Autorin

SELFIE MIT HARRY

Das Anstehen an Portos »Livraria Lello«, um durch deren angeblich im Harry-Potter-Zauberkosmos verewigte Hallen zu huschen, hat mich nie gereizt. Aber dem Angebot, ein Selfie mit einem Harry-Potter-Double zu schießen (gratis!), konnte ich einfach nicht widerstehen. Der junge Mann fungiert eigentlich als Auskunftsstelle der Buchhandlung, nun aber als Beweis für den Harry-Potter-Hype an meinem Schwarzen Brett.

AQUI NASCEU PORTUGAL

Portugals nördliche Hälfte hat eine fast mythische Bedeutung für die Nation. In Coimbra wurde Afonso Henriques geboren, der das Land erstmals vereinen sollte. Bei Guimarães besiegte er die mit Kastilien- Leon verbündeten Truppen seiner Mutter, 1139 bei Ourique die Mauren und wurde zum König Portucalias, Portugals gekrönt. Hier also »wurde Portugal geboren«.

BUREL-SCHICK

Das Material Burel aus der Serra da Estrela ist eine Art Edelfilz, mit dem ein risikofreudiges Unternehmerpaar ein kleines Woll-Imperium aufgebaut hat. Wichtigstes Produkt sind edle Webdecken, uns gefallen aber besonders die Filzprodukte – Taschen, Sets, Kissen in geschicktem Mix aus traditionellem und modernem Design. Entweder direkt in der Fabrik bei Manteigas oder in Porto (R. de Mouzinho da Silveira 79, www.burelfactory.com).

STRAMME WADELN

Wenn Sie wie wir sechs Wochen lang im nördlichen Portugal jeden einigermaßen wichtigen Ort besichtigt haben, was bleibt dann nachhaltig in Erinnerung? Kondition und gut trainierte Beine! Die erhalten wir uns bis zum nächsten Besuch in »Norte«.

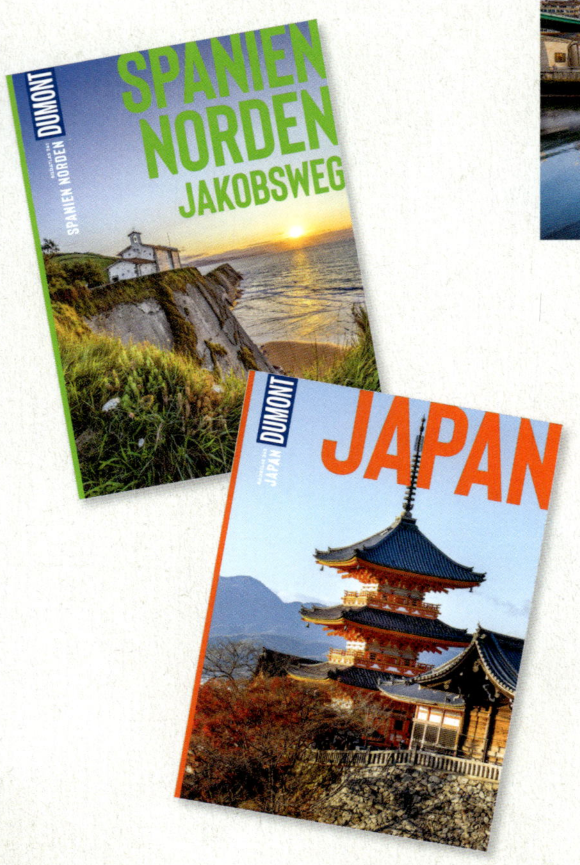

SPANIEN NORDEN / JAKOBSWEG

Berge und Wellen
Aktivurlauber sind hier im Glück: Vormittags bergwandern, nachmittags ein Bad im Meer – geht problemlos!

Galicische Küche
Wer Fisch und Meeresfrüchte liebt, ist im Norden Spaniens goldrichtig!

Bilbao
… hat touristisch mächtig aufgeholt, vor allem dank des berühmten Museo Guggenheim Bilbao von Stararchitekt Frank O. Gehry.

www.dumontreise.de

JAPAN

Tokio
Mehr Großstadtfeeling als in Japans Megacity geht nicht!

Heiße Quellen
Ideal nach einer Stadtbesichtigung: ein paar Stunden im Onsen und man fühlt sich wie neugeboren!

Raus in die Natur!
Mit ein bisschen Zeit kann man in das ländliche Japan eintauchen, auf alten Pilgerwegen wandern und die phantastische Naturvielfalt des kleinen Landes entdecken.

DEUTSCHLAND
Allgäu
Altmühltal
Bayerischer Wald
Berlin
Bodensee
Brandenburg
Chiemgau, Berchtesg. Land
Dresden, Sächsische Schweiz
Eifel, Aachen
Elbe und Weser, Bremen
Franken
Frankfurt, Rhein-Main
Freiburg, Basel, Colmar
Hamburg
Hannover zw. Harz und Heide
Harz
Leipzig, Halle, Magdeburg
Lüneburger Heide
Mecklenburgische Seen
Mecklenburg-Vorpommern
Mosel
München
Münsterland
Nordseeküste Schleswig-Holstein
Oberbayern
Odenwald, Heidelberg
Osnabrücker Land
Ostfriesland
Ostseeküste Mecklenburg-Vorpommern
Ostseeküste Schleswig-Holstein
Pfalz
Rhein zw. Köln und Mainz
Rhön
Rügen, Usedom, Hiddensee
Ruhrgebiet
Saarland
Sachsen
Schwarzwald Norden
Schwarzwald Süden
Spreewald, Lausitz
Stuttgart, Schwäbische Alb
Sylt, Amrum, Föhr
Teutoburger Wald
Thüringen
Weserbergland

BENELUX
Amsterdam
Flandern, Brüssel
Niederlande

FRANKREICH
Bretagne
Côte d'Azur
Elsass
Frankreich Südwesten Okzitanien
Französische Atlantikküste
Korsika
Normandie
Paris
Provence

GROSSBRITANNIEN/ IRLAND
Irland
London
Schottland
Südengland

SÜDEUROPA
Apulien, Kalabrien
Gardasee
Golf von Neapel, Kampanien
Istrien, Kvarner Bucht
Italien, Norden
Kroatische Adria
Malta
Oberitalienische Seen
Piemont, Turin
Rom
Sardinien
Sizilien
Slowenien
Südtirol
Toskana
Venedig, Venetien

GRIECHENLAND/ ZYPERN/TÜRKEI
Istanbul
Kreta
Türkische Südküste, Antalya
Zypern

MITTEL- UND OSTEUROPA
Baltikum
Danzig, Ostsee, Masuren
Krakau, Breslau, Polen Süden
Prag

ÖSTERREICH/ SCHWEIZ
Kärnten
Salzburger Land
Schweiz
Tirol
Wien

SPANIEN/PORTUGAL
Algarve
Andalusien
Barcelona
Gran Canaria, Fuerteventura, Lanzarote
Kanarische Inseln
Lissabon
Madeira
Mallorca
Porto, Portugal Norden
Spanien Norden, Jakobsweg
Teneriffa, La Palma, La Gomera, El Hierro

SKANDINAVIEN/ NORDEUROPA
Dänemark
Finnland
Hurtigruten
Island
Norwegen Norden
Norwegen Süden
Schweden Süden, Stockholm

LÄNDERÜBERGREIFENDE BÄNDE
Donau – Von der Quelle bis zur Mündung
Freiburg, Basel, Colmar

AUSSEREUROPÄISCHE ZIELE
Australien Osten, Sydney
Australien Süden, Westen
Bali, Lombok
Costa Rica
Dubai, Abu Dhabi, VAE
Florida
Iran
Israel, Palästina
Japan
Kalifornien
Kanada Osten
Kanada Westen
Kuba
Marokko
Namibia
New York
Saudi-Arabien
Sri Lanka
Südafrika
Thailand
Vietnam